Naito Masanori
内藤正典

欧州・トルコ思索紀行

人文書院

目次

I 陽の射す方へ――欧州・トルコ滞在記 7

II 闇と向き合う――戦争は前触れもなく門の前に　163

I　陽の射す方へ

――欧州・トルコ滞在記

パリ、4月のマロニエ

パリの家探し

二〇一五年四月から半年間、在外研修の機会を得た。こういうチャンスは二度とないだろうと思って、いろいろ歩き回ることにした。始めのひと月はパリに滞在した。高等社会科学研究院（EHESS=École des hautes études en sciences sociales）という大学院と研究所を合わせたような機関に友人がいて、呼んでくれたのである。こんなことを書くと、フランスの学者に知己が多いかのように聞こえるが、そんなことはまったくないし、フランス語は読むのは辞書を引き引き読む程度であるし、話せやしない。だが、昔から、外国にでかけるとひどく厚かましくて、数日たつと、長いことそこに暮らしているように歩いている。

　出発の直前、出発前に片付けなければならない仕事があって深夜までパソコンに向かっているとき、ぎっくり腰に襲われた。翌朝になると、ほとんどまっすぐ立って歩けぬほどに悪化していた。当時、大学院の研究科長の任期の最後だったから、大学にも出なければならず、爺臭《じじくさ》い前かがみの姿でよたよたと大学まで行った。職員たちに心配されたが、とにかく背筋を伸ばすこともままならず、そのまま、整体院に直行した。出発まで数日しかない。

行きつけの整体院の院長に、とにかく一日で歩けるようにしてくれ、と無理難題をふっかけたのだが、京都のゴッド・ハンドは大変な力を持っている。汗だくになりながら、ひきつった筋肉をほぐし、とにかく立って歩けるようにしてくれた。最初がパリで、次がスコットランド。京都の整体院はカイロプラクティクという手技によるところなので、それがあるかどうかネットで調べたら、どちらの都市にもちゃんとあるではないか。ぎっくり腰は恐怖であるから、住所を控えて旅立つことにした。

半年分だから合計で九〇キロにも達する荷物は、気の毒にも妻が転がしていくことになった。大阪の伊丹空港から東京の羽田に飛び、そこからパリ行きの全日空に乗り継ぐ。実際、空港を歩き回ることもまだ難しかったので、全日空には車椅子を出してくれるようにお願いした。そういうことになって初めて知ったのだが、航空会社はじつに親切に対応してくれた。羽田と成田だけかと思ったらパリのシャルルドゴール空港にも車椅子が用意されていて、ドアを出たとたんに乗せてくれた。入国審査の手続きも荷物の引き取りも、特別の窓口でスタッフが淡々と進めてくれる。愛想の頗る悪いフランスの役人と顔を合わせずに済んだことは幸いであった。

車椅子専用のエレベーターに乗せられたとき、押してくれている青年がほかの職員と言葉を交わしたのが耳にとまった。トルコ語だった。そこでようやく、私は元気を取り戻した。青年にトルコ語で話しかけると「?」という顔をされたが、私がしゃべっているのが彼の母語であることを理解すると、驚き、そして話がはずんだ。親御さんの代に、トルコから移住し、彼はフランス生まれのフランス育ちだそうである。迎えの車のところまで来ると、今度はモロッコ出身のドライバーが待っていてくれた。アラビア語で挨拶すると、彼もまた、満面の笑みをたたえて応えてくれる。パリというのは、そういう都市である。少し前まで、私も、移民たちとの出会いを「パリのもう一つの顔」と表現していた。だが、もはや、もう一つの顔でもなんでもない。これがパリそのものなのである。

パリには一冊の古い本を携えていった。辰野隆《ゆたか》の『ふらんす人』（青木書店、引用では講談社学術文庫版を使用）という本である。京都に移ってから、百萬遍にある知恩寺の古書市で見つけたのだが、あまりに古くて、丁寧にあつかわないと紙が粉々になりそうな古本である。奥付を見ると昭和一六年九月の発行だから、戦争に突入する直前に出版されている。辰野隆は東京帝国大学の仏文学の教授をつとめた人で、東京駅や奈良ホテルの建築で知られる建築家の辰野金吾の子である。

この本は、パリに留学した当時のことをおもに記したエッセイだが、留学は一九二〇年代の初頭のことで、第一次大戦直後パリの様子を淡々と伝えている。多くを文学や演劇の話に充てているが、ところどころにパリという都市の表情を描写したところがあって、仏文学に縁のない私は、むしろそちらに惹かれたのである。パリで過ごしたことを記すにあたって、この『ふらんす人』を引用しながら話を進めていくことにする。

セエヌ左岸の羅甸区《カルチエラタン》の一下宿に行李《こうり》を卸して、夏以来会わなかったYの顔を見た時、私の発した第一の言葉は「巴里の冬は陰気だなア」と云う歎声であった。学生町のみすぼらしい下宿の、部屋の中で、首に襟巻を巻いて、外套を着ているYの姿は、一層私の気をくさらした。粗末な机と椅子と寝心地の悪そうな寝台は寒い冬を更らに痛々しく思わせた。

——スティイムは通らないのか。

——通ってはいる。然し寒いんだ。何しろ安価《やす》いんだからね。来てから己の部屋を眺めまわして喫驚《びっくり》するだろうとは思っていたが、やっぱり喫驚《びっくり》しているね。一寸いい気味だな。貴様の部屋は今、掃除をさせている。俺の部屋と似たものだから、掃除しても大して綺麗にもならないが、まあ我慢するさ。斯うした学生町の安下宿にくすぶらなくては本統の巴里は解らない。上等なホテルに泊って、凱旋門《エトワアル》を拝んで、淫売《ブウル》を買うなんざあお上《のぼ》りさんの定石だぜ。

斯う云って、Yは面白そうに笑った。私は到着早々一本参ったと思った。

四五日たつとYの一言に依って大いに策励された私は、貧寒な下宿の生活にも直ぐ慣れて了《しま》った。部屋代が月百八十法《フラン》、食料が二百五十法。その他洗濯代や下女の心づけを合せても、月五百法未満で済むような下宿は学生町にもあまり多くはない。五百法は当時は八、九十円であった。部屋の暖まらないスティイムや、固い寝台に不服を云えた義理でもなかった。食事の相当に旨い事、宿の主人夫婦の人柄な事、万事に気の置けない事が寧ろめっけものだった。ひと月、ふた月と住み馴れるに従って、設備の不足などは全く忘れて、うす暗い室の窓から灰色の冬の空を眺めても、もう滅相な心持にはならなくなった。それには主人夫婦の好意も与《あずか》って力があった。

（辰野隆『ふらんす人』六三〜六四頁）

一六区に家を借りる

パリでどこに住むかは大問題だった。別に深刻な問題という意味ではなく、せっかく一生に一度あるかないかの機会だから、どうしようと悩んだのである。辰野先生が描いているカルチェ・ラタンのあたりは、私にとっても心惹かれる街である。フランスの研究をしているわけではないが、三〇数年前、初めてフランスに来たときに、ソルボンヌ大学の近く、リュウ・デゼコールのクロード・ベルナールという宿に泊まったからである。天文台のあるリュウ・サンジャックをまたいでしばらく東に進むとその宿は今でも顕在だが、今では当時のように六〇フラン（現在のユーロの感覚だと三〇ユーロぐらい）では泊まれない。

当時、このあたりはまだ学生街の風情を残していた。ソルボンヌやコレージュ・ド・フランスなどアカデミズムの権威を象徴する建物が並んでいる。本屋もあるし、そして何より、北アフリカのクスクスや安い中国料理を食べさせる店もあって便利だったのである。だが、インターネットで貸家をあたってみると、もはやこの地区が学生の安下宿とは無縁であり、セーヌ左岸の一等地の一つであることに気づかされた。

ここが日本人の感覚ではわかりにくい。日本の場合、何世紀にもわたって同じ建物に人が住むことはない。木造建築はそこまでもたないし、戦災、自然災害、火災などで古い建物が残らなかった。基本的に、古い建物は家賃も安い。しかし、パリに限らずヨーロッパ都市では、石で建物ができていることが多い。燃えないし、少々の砲弾が当たってもびくともしない。それに、パリについて言えば、地震というものがない。

したがって、建物自体は何世紀も残り、その中の仕切りをいろいろと変えて、住居をつくり出すことができた。かつては安下宿の多かった地区が、そのうち地区ごとアップグレードされて中流層の家となり、さらには上流層の家となっていくことも、パリでは全然不思議ではない。だから、何十年か前の記憶をたどって、このあたりにはたしか安い中国料理屋があったよなあ、と歩き回っても、すでに高級化してしまっていて、その種の店を見つけるのは難しい。

カルチェ・ラタンのあたりの家は、必ずしも明るいとは限らない。もちろん、通りに面している家は窓があるからいいのだが、このあたりは一七世紀より前に土台ができている家もあって、修道院か牢獄だったのではないかという暗い家も貸家になっていたりする。ロの字型に建物があって、中庭に面している家も同様で、下の階になるとまず陽は当たらない。ホテルでも、場合によると、この石組みの地下室を食堂にしていることもあって、初めてパリに来た人にはおもむきもあり、楽しめると思うのだが、長期に滞在するには陰鬱な感じがしてよくない。

辰野先生が下宿された界隈は、サン・ジェルマン・デプレからは少し離れるが、ムフタール街に近いあたりのようだ。かつては庶民の喧噪の小道だったこの界隈も、今は完全に観光地と化している。仏文学者の辰野隆先生の古い本を引用したのは、大昔に研究者としてパリに滞在した人物のパリ観を読みながらパリの街を歩いてみたかったからである。当時、辰野先生は東大の助教授だったから、官費による留学のはずで、それ相応のお金は持っていたと思うのだが、学究の徒として立派である。下宿の描写を見る限り、かなり質素な生活をされたようだ。

私はといえば、一生に一度のことであるから、面倒のないところにしようと妻と相談していたのだが、インターネットで申し込んだ家が出発の直前に大家にキャンセルされてしまい、夢もついえるかと思えた。だが、数か月前にはなかった物件が出ていることに気づいた。それはクレベールという凱旋門から放射状にのびている通りの一つで、以前、その通りのホテルに泊まったことがあるからなんとなく土地勘もあった。早速、貸主にメールすると、すぐに返事があってOKだと言う。途中、大家の甥が二泊だけそこに泊まるが、その間、どこかに出てもらえれば安くすると言う。保証金も不要だと言うし、ほかに人を泊めても追加の料金は要らないと言う。

仲介しているairbnbというのは、初めて使うには不安だが、なかなかよくできたシステムで、はじめに条件が示されていて、それ以上の料金は発生しない。やり取りは基本的に英語でのメールだから、英語で簡単な文章さえ書ければよい。

大家は二日外に泊まる日の料金を現金で返すと言ってきたのだが、airbnb社からすぐに警告が来た。airbnbを通している契約以外のところで、現金のやり取りはやめてほしい。その分を差し引いた額で、私の口座から引き落とすと言うのである。こういうところが私は気に入った。比較的長期の滞在の場合、やれ光熱費はどうするのかだとか、皿を割ったらどうするのかだとか、些細なカネのやり取りがわずらわしい。それらも、事前に保証金を設定してある場合に限り、貸主が請求できることになっている。

家は素晴らしかった。二〇世紀初頭のパリジャンのアパルトマンで広々としたサロン、食堂、書斎、それに寝室が二つあった。家具も調度品も、家主が使っていたものが残されていて、今どきの家具や調度品は何一つない。サロンや食堂、そして寝室にも暖炉がついていて、昔はそれで暖をとったものと思われる。もちろん、近年、暖炉は使わなかったとみえて、廊下に大型の給湯器があり、それでスチームに湯を送って暖めるようになっていた。そのため、家の廊下にスチームの配管があって不細工なのだが、近代化と、このおそろしく頑丈な古い家とをつなぎ合わせるには、こういう工夫しかなかったのだろう。

つい最近まで高齢の主が住んでいたことをうかがわせるしつらえであった。個人的なことなので尋ねなかったのだが、サロンのライティング・デスクには、マダム・シャルル・Mという名前だけを印刷した大判の名刺が残されていた。サロンには、海岸につどう人びとを描いた絵や、どこかの大聖堂の夜景を描いた絵が掛けてある。他人に貸すのに、高価な絵画をおいてはいないだろうと思ったが、調べてみると、いくつかは印象派の画家として名を遺した人の作品とわかった。大聖堂の方は、どうやら大家の親戚の手になるものだったが、素人の作ではない。どうやら、文人、芸術家の家系であるらしい。

後日、コンシェルジュリーを訪れた留学中の大学院生が、同名の画家がマリー・アントワネットを描いた絵画が展示されていたと話してくれた。大家の祖先なのかどうか、尋ねることはなかったが、そんな想像をめぐらしながらサロンにすわって絵を眺めているだけで楽しい。

驚いたのは、台所の呼び鈴である。台所には、サロン、食堂、夫人の部屋などと書かれた呼び鈴があって、召使にどの部屋から用事を言いつけているのかがわかる仕組みになっていた。そして、台所には今は使われていない、外に出るドアがあったから、おそらく召使はそこから出入りしていたのであろう。台所からサロンまで歩いてくるだけでずいぶんかかる。なにしろこういう邸宅に住んだことがないので、ブルジョワのパリジャンというものが、どういう生活をしていたのかを垣間見たものの、長いこと住みたいかというなら、家の中を行き来するだけで疲れそうで勘弁してほしいというのが率直なところだった。

かつて日本で聞いたのだが、マンションとアパートの違いはなにかというと、自分の家のドアに達する前に、複数のドアを通り抜けるのがマンションで、外からいきなり自宅のドアに達するのがアパートだと言う。そんな定義があるのかどうか、私は知らない。だが、このパリの家には、まず、建物と通りを隔てる高さ三メートルはあろうかという木製のドアがあり、暗証番号を打ち込まないと開錠できない。

次に、電子錠をかざすと開錠されるガラスの扉があり、最後が家に入るための錠前だが、コツを体得しないと開かない。家の中までに三つの扉があるから、日本流にいうなら立派なマンションだがフランスではマンションとは言わず、アパルトマンと呼ぶ。「マンション」は英国に行くと、ごく高級な地区では集合住宅などの名前でもみかけるが、邸宅のことであってワン・ルーム・マンションなるものは日本での造語である。

四月は気候に用心を

巴里は四月の末から春らしい春が始まる。昨日迄頑《かた》そうな黒い幹を灰色の空の下に並べてひっそり静まりかえっていたマロニエやプラタアヌの並木が、一時に嫩葉《わかば》を吐いて、先ずセエヌ河の両岸を浅みどりに染め出す。南から北に晴れて行く蒼《あお》い空の光は人を戸外に誘い出さねば措かぬ位明るくて美しい。道行く巴里女の、卵色《たまごいろ》の靴下や、高い踵《かかと》の赤靴にも、タキシの運転手の髯面《ひげづら》にも、春日は麗らかに揺蕩《たゆと》うている。街や公園を歩いて先ず気の付くのは女の衣装である。その衣装の個性的なことである。歳々の流行は帽子の色合、裳《もすそ》の長短に現われて其処に一般の傾向を示しているが、同じ帽子の女に二度と出遇う事は、如何に繁華な街でも、殆ど無いと云っていい。型が同じなら色合が異う。色が同じでも目に立つ飾りが異う。化粧した顔の白粉にも桃、青、樺、黄など各々ニュアンスがあって、大柄な女、小柄な女、瘠せた女、肥った女、円顔、細面それぞれ自らの特色を知っていて、適宜な姿に似つかわしい粧いを凝らしている。これは欧羅巴《ヨオロッパ》の如何なる都会にも見られない、全く巴里丈《だ》けの面白味である。歩き疲れると珈琲店《カッフェ》のテラッスが人を待っている。カッフェの一杯を空にしたばかりで、一時間、二時間、ぼんやり往来を眺めているうちに、暮るるに晩い巴里の夕も徐《おもむ》ろに迫って來る。

（前掲、四〇～四一頁）

四月の上旬、パリはまだ冬である。どんよりと曇っているだけでなく、時々、冷たい雨が降る。しかし、雲が晴れると、陽が差して一気に暑くなる。そして一日、一日と街路樹の緑が鮮やかになる。だんだん暖かくなるというのではなく、晴れれば暑く、曇れば寒いということの繰り返しである。最近は、日本でも四季の移り変わりがわかりにくくなっていて、昨日まで暖房を入れていたのに、今日は冷房を入れるというようなことになったが、それは気候の変動のせいかもしれないし、寒暖の差をこらえる力を失ったのかもしれない。

パリの冬から春、いや夏への変わりようは、もっと劇的である。パリで借りた家から並木道の写真を撮ったのだが、四月の始めには細い枝に未練がましい実をぶら下げていたマロニエが、月末になると若葉が風にそよいでいて、景色が全然違う。パリの街を歩いているのは、もちろんフランス人ばかりではない。世界でも有数の観光地だから、アメリカ人も中国人も歩いている。そアメリカからの旅行者は、少し暑くなると、すぐにTシャツ一枚にショートパンツで歩く。四月の横を、地元の女性がコート姿で歩いている。ちぐはぐだが、パリに暮らしている人たちは、四月の天気がいかに気まぐれかを熟知しているから、用心を怠らないのである。

私は、日本から持ってきたダウン・ベストを手放さない。暑ければ丸めて鞄にしまえばよいし、風が吹くと寒いからすぐに取り出して着る。こういう便利なものをつくるのは、やはり日本人が長けている。パリにも、このメーカーはいくつも店を構えていて便利である。短い旅行で来て、わざわざ日本製品を買う人はいないだろうが、私は半年間の旅である。衣類の一部は、パリで買うことにした。あらためてパリでこの店を見ても、価格、品質、バラエティのいずれをとっても、ヨーロッパ系の量販店とは比較にならないほど優れている。

もうずいぶん前に、別の日本の有名店がマレに店を開いた。モノトーンの感じが、若い女性に人気で、混んでいたことを覚えている。今、マレはとても洒落た店が増えたが、日本の二つのブランドは、この地区のファッションセンスを向上させるうえで貢献したに違いない。

天気の良い日に、マレを歩いた。もう、一五年ぐらい前に来てから訪れていなかったので、印象がずいぶん違う。ヴォージュ広場では、上半身裸の青年たちが芝生の上で談笑している。暑くなると、ぱっぱと着ているものを脱いで陽に当たろうとする行動様式だけは、昔と変わらない。芝生に寝転がると、一点の曇りもない青空である。気持ちがいいのだが、春というようなやさしいものではない。紫外線も強く、眩しい夏の日照りである。

イースターが終わると、にわかに春らしく、いや夏の到来を思わせる陽気に変わる。若者たちは、皮ジャンの下にTシャツで、ここでは皮ジャンだけでなく、Tシャツも脱ぎ捨てて日差しを愉しむのである。女性たちも、薄着になって寝そべっていたり、車座になってアイスクリームを頬張ったりしている。下着がみえてもいっこうに気にしない。解放感が羞恥心を凌駕するのは、冬が陰鬱で長い北ヨーロッパならではである。一一月あたりから、曇天と冷え冷えとする大陸的な冬が続いてきたのである。すでに日没は八時半ぐらいまでのびている。それでも、日が暮れてくると、にわかに寒くなり、パリジャンたちは皮ジャンを着こみ、私は冬の間、京都で手放せなかったダウン・ベストを着こむ。

辰野先生は、街を行き交う女性の姿にみとれていたようだ。個性ゆたかに、そして彩もゆたかに街を行く女性の姿というのは、私のような素人にもいかにもパリらしいという感じを与える。百年近くたって、今のパリを見ていると、なかなかそういうパリジェンヌを見つけることが難しくなっている。あまりに多様な人たちが行き交うので、シャンゼリゼのような観光客の多い通りであろうと、グラン・ブールヴァールだろうと、どの人が生粋のパリ市民なのかは、まったくわからない。

ヴォージュ広場で寝そべる

辰野先生が見ていたころと大きく異なるのは、当時、植民地として支配した地域の人びとが、第二次大戦後になってフランスに渡ったことも影響している。北アフリカ（マグレブ）の人びと、西アフリカの人びと、ヴェトナム、ラ

イエナのマルシェ

オス、カンボジアの人びともやってきた。そして、言うまでもなく、観光客を惹きつけることでは世界一のフランスである。年間で八五〇〇万人にのぼるというから、これではパリを歩いている人間のかなりを観光客が占めていることにもなりかねない。

　四月に滞在しているとき、何度かブールヴァール・オスマンのデパートに行ったが、みごとなまでにブランド店に群らがっているのは中国からの観光客だった。地下鉄の六号線に乗ると、途中でセーヌ川を渡るのだが、北から行くとちょうど南側に、つまり左岸に入ったところでエッフェル塔が間近に見える。

　地下鉄の下には、ビル・アケム橋があるのだが、この橋には途中に半円形に出っ張っている場所がある。ここを通るたびに、その出っ張りのところでウェディングドレスを着て記念撮影をしている人たちを見た。こちらも中国からの観光客だそうである。彼らは貪欲にパリを食らいつくしている。天晴れとしか言いようがない。かつて顰蹙《ひんしゅく》を買うまでにブランド品を漁っていた日本人の栄華は跡形もなくなっていた。そして残念なことに、わが同胞は、あそこまで貪欲にパリを楽しむことはなかったように思うのである。

変わらないカフェの情景

「終点《テルミニュス》、植物園、御降りを願います《トゥ・ル・モンド・デッサン》」と叫ぶ車掌の声でGの乗合は停まる。夕飯には未だ時間が稍夙《はや》い。直ぐに下宿には帰らずに、行きつけの珈琲店ラビラントに一寸寄って見る。夕飯前のアペリチフを飲む近所の常連の顔も既に集まっている。鼻の赤い、呑んだくれの古道具屋のお爺。下宿で知合った医学生。品のいい穏かな近所の隠居。女の癖に強い酒ばかり飲む後家。斯ういう心やすい顔の並んでいる間を目で挨拶しながら通り抜ける。私は隅の卓に陣取ってから、大きな声でエドモンと呼んで見る。「唯今《ヴォアラ》」と奥で答えて愛す可きエドモンが軽く跛《びっこ》をひきながら現れる。

「ピコン・キュラソオ」と私は二三日前に同宿の医学生から教えられたアペリチフを註文する。キュラソオに苦いピコンの少量を混ぜて、それに曹達水《ソーダ》を注いでチビリ〳〵傾けるのである。向いの卓で同じものを飲んでいる例の医学生が、私の顔を見て、腮《あご》で合図しながら、尖った鼻を上に向けて、「旨いか?」と訊く。

「苦いようで甘くて、甘いようで苦い。ミルボオの脚本の味だね。」

「サンジカリストが資本家の娘と駈落したようだろう。アハハ。」と医学生は笑っている。客足が漸く繁くなって来て、方々の卓からエドモン、エドモンと頻《しき》りに声がかかる。其度毎に忙しいエドモンは、「オッ」とか「ヴォアラ」とか答えて、ベルモットやカシスや葡萄酒の壜を四五本抱えこんで客の間を注いで廻る。

一隅には毎日この店に来て骨牌《カルタ》に暇をつぶす一組がゲエムが一巡済んで、賑かに食前の一杯を呼び出す。

「エドモン。白葡萄酒《ヴァンヴラン》。」

「俺はアン・ボックだ」と麦酒《ビール》を呼ぶ者もある。この一組は半生をラビラントの店で暮したような老人連中で、エドモンとは友達附合である。「やいエドモン。ベルムウト・カシスを一杯だ。何をまごまごしてやがるんだ。急げ！」と呶鳴る。私はこんな騒ぎを面白く眺めつつアペリチフを乾してから、下宿に帰って行く。

（前掲、五四頁〜五五頁）

辰野先生が九〇年以上前に見ていたカフェの情景。これは今も全然変わっていない。今はもう働く人のことをガルソンとは言わないようだが。テーブルとテーブルの狭い隙間を縫うようにくるくる廻って注文を取り、注文された飲み物や食べ物を運ぶ。これはいろいろな人が書いているとおりで、一杯のコーヒーでどれだけ座っていても文句は言われない。

日本のカフェだと、これ見よがしに水のお代わりを注ぎ足しにきて、客はなんとなく居心地が悪くなるものだが、それがないのはパリのカフェの良いところである。そもそも、水など持ってこない。それに、お客さんたちも、さっさと帰るつもりなら、椅子には座らない。当然、立ち飲みか、座って飲むかで料金も違うから、高い金を払うなら長居するのである。

旅人としての私たちがカフェを利用するもう一つの理由はトイレである。公衆トイレは、昔からあるのだが、怖い。自動ドア式になっているのだが、フランスに限らず外国の自動ドアというのは、開閉がもたもたしていたり、途中で唸りながら止まってしまったりするから怖いのである。むかし、洋式ではない（フランスのトイレに洋式ではないというのもおかしなものだが、要は和式と同じもの）公衆トイレで用を足した後、さてどうやって流すのかと思案しているうちに、どっと水流が押し寄せて水浸しになって逃げ出したこともある。

パリでは、美術館などの公共施設にはトイレが整っているが、日本人はデパートにもあるだろうと期待すると、これがなかなか難しい。ないこともあるし、あったとしても一か所しかなくて探すのに苦労する。だから街中をぶらぶらしているとカフェに立ち寄ってトイレに行くのが、もっとも手っ取り早いということになる。しかし、やっとカフェに入ってトイレも使えるとほっとするのもつかの間、一難去ってまた一難ということがある。便座がないのである。

酔客が持ち去ったのか、豪腕の客が叩き割ったのか。どういう経緯で便座がないのか知らないが、これはご婦人方にとっては災厄である。わりあい高級感のあるカフェだとそういうことは少ないが、庶民的な盛り場のカフェだと、往々にして便座がない。二〇一五年の自分の経験では、大衆的なカフェのコーヒー（小さなデミタスカップに入ってくるエスプレッソ）で二・五ユーロ、高級感漂うところでは四ユーロぐらいであったから、便座を確保するためにはずいぶん出費がかさむことになる。

おまけに、高級な方には、今でも番人の女性がすわっていてお金を払わなければならないところもある。観光客が殺到するあたりでは金額を明示していることもあるし、皿の上に、なるべく高額の硬貨をならべて、一ユーロ以上置いていくことを期待する番人もいる。実際、せいぜい五〇セントでいいと思うのだが。

もちろん、客のふりをしてトイレだけ借りる手もあるし、まず、それで咎められることもない。ただし、カフェを休憩＋トイレのために使うには昼食時は向かない。飲み物だけでは座れない。簡単な紙ナプキンとナイフ、フォークが並んでいたら、それは食事用の席ということで、なにか食べ物を注文しなければならない。

モリーユ茸のスパゲッティ（自作）

だいたい、フランスで外食するとなると量が多い。よほど覚悟を決めて食べないと、一日一食で済みそうな量である。オフィス街のカフェで眺めていると、ダイエット志向の男女は、サラダを注文している。だが、このサラダでさえ曲者で、大盛りのうえにたっぷりドレッシングがかかり、牛肉の焼いたのやら、チキンやら、スモークサーモンなどがどっさり載っているから、やはり相当の量になってしまう。
カフェといっても、食事のメニューにも凝っているところもあり、そう複雑なものではないにせよ、ステーキ＋ポテトフライや肉の煮込みなどを出す。そういう食事をとるとなると、ワインも注文せざるを得ないし、食後のコーヒーも頼まなければならない。うっかりすると、日本円に換算して三〇〇〇円近くになるから、よくよく心して入らなくてはいけなくなる。

辰野先生は、カフェでピコン・キュラソオという酒を飲んだと書いている。資本家とサンディカリスト（労働組合を中心としつつ資本家に必ずしも敵対しない）が結婚したような酒だとむずかしいことを書いているが、資本家とプロレタリアートほどとげとげしい感じではないと言いたかったのかもしれない。ピコンもキュラソーもオレンジの果皮を使ったリキュールだから、それを混ぜて飲むのが流行っていたのだろう。ピコンの方は、なにやら苦み成分を含む薬草を加えているらしい。

パリで訪れたいくつかのカフェのメニューには載っていなかったが、そのかわり、ピコン・ビエールというのを見つけた。ピコンとビールを混ぜた飲み物である。好奇心から頼んでみたのだが、これが美味い。ビール飲みには邪道だが、不思議なことにリキュールのオレンジの香りと苦みがビールとうまく調和している。私の発音が悪くて最初は通じなかったのだが、やや「ピッコン」に近く発音するようだ。ピッコン・エール、今回の旅の発見の一つである。

マグレブ料理屋のミントティー

地下鉄の振動とワイン

巴里にボオアザンという美味いものを食べさせるので有名なレストランがあります。其処は葡萄酒が特に良いという評判でありましたので、友人が誘ってくれました。其処で美味い料理を食べながら名物の葡萄酒を飲んでみましたが、其処の主人が、私の店の葡萄酒は昔から非常に美味いという評判でありますが、此頃は少し不味《まず》くなりました。地下鉄道が出来まして地下鉄のビリビリという振動が酒倉に響いて来る。あれが洵《まこと》に酒の味にはいけないので、昔通りの美味い酒が差上げられません。どうも地下鉄が出来てから私の店の酒も昔程ではなくなりました、と言って居りましたが、日本では灘から波に揺られて来ないと本当の酒の味が出ないと謂いますが、葡萄酒はそれと反対で少なくともお客をする二週間前に酒倉から出して来る。そうして食器棚にソッと寝かして置きます。二週間静《じ》っと動かさない。二週間目にお客をする時に、その場で抜いて出す。その位に気を付ける。

（前掲、一八～一九頁）

確かに、ワインは瓶詰してから熟成するから、古いワイナリーを訪れると酒倉の中で埃をかぶった古い瓶が静かに横たわっている。ウイスキーのような蒸留酒は、瓶に詰めてからは熟成しないから、樽のまま寝かせる。パリの建物は、古いものになると地下室も何世紀ものあいだ存在しているのがあって、もともと酒倉であったのかどうかはわからないが、このレストランも立派なワインの貯蔵庫を持っていたのだろう。辰野先生はボオアザンと表記しているが、このレストランは、サン・トノレの通りにあって一九二〇年代のパリを代表する名店だったらしい（辻調理師学校のサイト http://www.tsuji.ac.jp/hp/fran/1920/syosai.htm）。

地下鉄のせいでワインの質が悪くなるというのは、わかる気がする。断言できないのは、ワインとともに生きてきたというほど飲んでいないからである。だが、ひどく繊細な酒であることは、栓を抜いてしまうと、空気に触れて刻一刻と味も香りも変化することでわかる。

すぐに味も悪くなり、香りも飛んでしまうのもあれば、しばらくたたないと香りがひらいてこないのもある。最初はタンニンの渋みが強いのに、食事の最中には、まるくなるのもある。辰野先生が引き合いにだしているのは、今では相当に高価なワインの扱いだが、二週間も前に予約しておくということも、今の忙しい時代にはできそうもない。

地下鉄の振動というのは、今の喧噪のパリではなかなかわからない。このレストランの主人が嘆いているのは、一九〇〇年代の初頭につくられた地下鉄だろうから、東西を走る一号線と、やや斜めに走る二号線あたりが元凶だったのかもしれない。もはやパリの地下は地下鉄が網の目のように走っているから、ワインが目を回さないようにするには建物を免震構造にでもするしかない。栓を抜くまで、ソッとしておくことによってどれほどワインが美味くなるのか確かめる余地もないが、パリのレストランでふつうに飲むワインは、もちろん不味くない。

ワインというのは、フランス人にとってはもっともなじみ深い酒である。単独でそれだけを飲むこともできるが、やはり、食事と一緒に飲むことが多いから、食べ物との相性は重視せざるを得ない。それに、栓を開けたら飲んでしまわないと味が落ちるから、刹那的というか、一期一会というか、とにかくその日の記憶とともに消えてしまう。

ひと月もパリに滞在していたから、ずいぶん、ワインを飲んだ。だが、執着がないせいか、あのワインは美味かったとか、どこの産地の、シャトーの、何年、とかいう詳細はまったく記憶にない。ただ、あそこのレストランで食べた食事が美味しかったという記憶はあって、その食事がワインを伴っていたことは確かだから、食事と渾然一体となっている。

家での食事にもワインを買ってくる。パリの酒屋は、どこもワインの品揃えが豊富だから、知ったかぶりする必要はない。店員に、重いか軽いか、そして味と香りの好みを伝えて最後に価格帯を言えば、適当に選んでくれる。

今回、一〇ユーロ台、二〇ユーロ台、三〇ユーロ台と価格帯を上げながら買ってみた。みごとなもので、値段が上がるにつれて、きのう飲んだのはいったい何だったのだ、と悄然とするくらい美味しくなることはわかった。だが、四〇ユーロまでいったところで、滞在も終わりになったので、それ以上高くなるとどういう変化が起きるのかは知らない。

ヴォアザンの主人とは比べるべくもないが、それでも、赤ワインは、値段が上がるにつれて、栓を抜いてから飲むまでに時間をおけと酒屋に言われる。飲みごろの味になるために、静かに空気に触れさせるためである。その時間のないときは、ワイングラスをくるくる回しても良いらしいが、あれをレストランで延々とやるのは、あまり感じがよくないし意味がない。日本人の場合、相方との会話が続かずに手持無沙汰の人がよくやっているのをみかける。たいてい、男性である。

食事との相性が一番よかったのではないかと思うのはブイヨン・シャルティエという店だった。一八九六年の創業というから京都でいうなら老舗だが大衆的な料理屋である。場所も、辰野先生が滞在したころにはパリのビジネスの中心だったはずで、地下鉄のグラン・ブールヴァール駅から近い。このあたり、パッサージュという屋根付きの商店街がいくつかあって、書店やお菓子屋さんも並んでいるから、モンマルトルを散歩して坂を下って歩いてきたついでに立ち寄るのも楽しい。

ブイヨン・シャルティエの店内

大きなホールに席が並んでいるが、混雑してくると、どんどん相席になる。予約を受けないから、みんな店の前に列をなして待つ。一皿一・八ユーロからというのも、今のパリでは想像を絶する安さだが、別に不味いものを出すわけではないし、量は、日本人には多すぎるくらいである。安い方では、ゆで卵のマヨネーズかけ、というのがある。一番、シンプルな前菜だが、こういう店には似つかわしい。ポワローという太いネギを茹でて酢とあえたものもある。ポワローは茹でるのに時間がかかるが、日本の下仁田ネギに似て、柔らかく、とろりとした食感があって好きである。エスカルゴ、パテ、それにフォワグラもある。日本の大衆酒場と同じである。酒の肴になるものを、ずらっと揃えていて、一切の飾りなしにドンと出てくる。メインも牛のステーキはもちろん、アルザス地方で食べるキャベツの酢漬け（フランスではシュークルート、ドイツではザウアークラウト）の上に、これでもかとソーセージや肉の切れ端を載せたものなど、ひたすら飯を食うという風情である。

こういうところで飲むワインは「その日のおすすめ」と書いてあるのを頼むに限る。どこ産の何年のものなど、どうでもいい。店のすすめに従って不味いということはない。決して高級なワインなど出さないが、店の料理との相性が合っている。やっぱり何を飲んだか覚えていないのだが、喧噪の中で忙しく歩き回る従業員、新しい客を仕切ってテーブルに案内する係の人を見ているだけで、ワインも店の雰囲気に溶け込んでしまう。

この店のすごいのはサービスをする従業員たちで、頼んだ料理をテーブル・クロス代わりの紙の端に書いて、それを暗算で足して請求する。間違えないのかと心配になって、自分でも計算してみたが、ぴたりと合っている。さすがである。

ブイヨン・シャルティエの勘定書

homo homini lupus――人は人に対して狼である

勘の良い人ならすぐにお気づきと思うが、仕事中のフランス人は愛想がよくない。仮にも俺が客だろう、と言ってしまいたくなるくらいで、時に敵対的でさえある。地下鉄の駅などでも、しょっちゅう経験することだが、切符を売るためにそこに座っているのだろうに、つっけんどんに自動券売機を指差して、あっちへ行けと言う。券売機が受け付けてくれる紙幣がないから窓口に来たのに、一切、かかわりたくないという姿勢は天晴れである。駅で切符や乗り放題のカードを買うときなど、心臓に悪いくらい、いい駅員さんに当たりますようにと祈る。

愛想の問題というより、意味不明なのが銀行であった。金を下ろしにいく用があった。フランス人の友人が、一緒に行きましょうと言うので、いくらフランス語に不自由しているとはいえ、そこまではと思ったのだが、その理由は後に判明した。彼は銀行に行く時間も考えなければいけないと言う。朝早すぎると金がなく、閉店間際でも金がないらしい。下ろすのは高々三〇〇〇ユーロ（五〇万円弱）で、私に支払えという指示書を持っているのだが、それでも気をつけろと言う。

実際、都合が合わなくて最初は閉店間際に行ったら、金はない、明日来いと言われた。翌日、今度は朝の一〇時ごろに行くと、愛想よく迎えてくれたものの、三〇〇〇ユーロなどという大金はありませんと言う。いくらならあるのかと尋ねると、二〇〇〇ユーロとの返事。結局もう一度行って、全額を引き出したのだが、この手際の悪さというものは度を越えている。

だが、ダメなものはダメなのであって、仮に私が流暢なフランス語を話したとしても、引き出せるとは思えない。フランス人が同行してくれたから、フランス語もできないアジア人への差別だ、などとは言わない。だが、一人で行っていたら、きっとそう思っただろう。

日本の有名人が、パリのレストランでひどく不快な目にあったという話をいくつか目にした。たいていは、好きな席に座れなかったとか、注文を取りに来ないとかいう話である。お怒りはごもっとも、という話だったが、今のネット社会ではこういう話に、言葉ができないからだとか、横柄な態度だったのではないかと書き込みがある。だが、どちらも当たっていないと思う。態度の横柄な客など、別に日本の芸能人でなくとも、いくらでもいる。フランス語ができない客も、これまたいくらでもいる。人種差別だとすぐに騒ぐ人もいるが、そんなことをしていたらフランス、とくにパリで商売などできない。今どき、大衆的な店から超高級店まで、フランス人よりも外国人の客が多い。

有名人でなくても、嫌な思いをすることはいくらでもあるのだから、メトロ（地下鉄）の駅員と同じで、機嫌のいい人に当たれば心地よいサービスを受けることができて、機嫌の悪いのに当たるとどうにも不愉快なことになる。

もちろん、高級な店になればなるほど、そのリスクは一応、減るのだが。これをフランス語ができないせいにするのは、たいていフランス在住者でフランス語を使いこなせる人だが、やや、正直さに欠ける。同じ不快な思いをしてきたからこそ、「差別だ！」と断じる人に冷ややかな視線をおくりがちなのではないか。自分は苦労して言葉を学んだのに、ボンジュールとメルシしか知らないような連中が、偉そうに差別だと叫ぶな、と言いたい気持ちがあるのだろう。これも当然のことで、私は批判しない。

私は、何度か外食をしたが、英語で通した。最初に、英語はできるかと聞く。たいていの店では英語のできるスタッフを置いているから、ではメニューを説明してくださいと頼む。だいたいフランス語アクセントが強すぎて聞き取れないから、あなたの英語はよくわからないので、ゆっくり説明してくれと言う。じつは、メニューのフランス語は読めるので、あとはどうやってつくるのか、海老は生か、きっちり火を通したかなどを聞くのである。

一度だけ、ミシュランの星付きレストランに行ったが、ちゃんと説明もしてくれた。時間に制約があって、ワインを一本あけるわけにいかなかったので、グラスワインを注文したうえに、銘柄を聞いたのだがそれにもきちんと答えた。言葉で書くと当たり前のようだが、一つだけ、重要なポイントがある。こちらは客なのだから、言葉ができなくてもおどおどしないことである。堂々と、しかし横柄ではなく、理詰めで相手をすればよい。ヨーロッパ各国に共通するが、「理詰め」で要求を伝えることは必須である。もちろん、ひどく理不尽な対応をする奴がいたら叱ればよい。大声で叱って、周囲の客の雰囲気を壊すようなことをしてはいけない。少し偉そうなのを呼んで、小声で、態度の悪さを指摘すればよいだけのことである。

だがここには少し厄介な問題が隠れている。フランス社会における差別の問題である。フランスには、特定の人種や民族を集団として処遇する制度がない。差別する構造もない。もちろん、実際には差別がある。フランスでは、出自の民族が何であれ、どこの国から来た人であれ、個人としてフランス共和国に参加することでフランス市民になる。したがって、出自の民族によって特別扱いすることもない。差別的に処遇することはないし、何々民族だから好きだの嫌いだのという感覚も原理的にはないことになっている。

誰も見ない、オルセー美術館の外庭の彫刻。オリエンタリズムそのもの

白人のフランス人は、先に挙げた例のような目にあったとき、差別されたとは思わないし、従業員の態度が悪いと怒るだけのことである。だが、アラブ系の人やアフリカ系の人たちの場合、相手が個人的に悪い奴だと思うより前に、自分がアフリカや中東の出身であるがゆえに差別されたと感じる。ここに決定的なずれが生じてしまう。

仮にあるアラブ系のフランス市民が、店で嫌がらせを受けたとしよう。その人が友人のフランス人たちに、ひどい目にあったと訴えても、友人たちは、嫌がらせをした当人をラシスト（レイシスト）として非難するだろうが、フランス共和国が君を差別しているわけではないと主張するし、実際、構造的にはその弁明が成り立ってしまうのである。

しかし、住んでいる地区を告げただけで就職を断られ、名前を告げただけで求人はありませんと断られる経験をしてきた人たちから見れば、明らかに差別はある。この堂々巡りが、フランスでの移民問題を深刻にしていったと言ってもよい。一言で言えば、フランス共和国という国家の欺瞞である。

フランスでは公の場でムスリマ（イスラム教徒の女性）がスカーフを被っていると罪に問われる。宗教についてもフランスは同じ原則をとっていて、ある宗教の信徒をまるごと優遇したり差別したりすることは決してない。みな、個人として何を信仰しようが、無神論者であろうが、一切の差別も優遇もない。

しかし、そのかわり公的な領分に宗教を持ち込むなという原則を立てている。このこと自体は何も悪くないし、カトリックの教会と長年にわたって闘った末に勝ち取った個人の自由であるからフランス社会も国家も、独自の世俗主義原則（ライシテ）に問題があるなどとは露ほども疑わない。

ところが、植民地支配の後に、イスラム圏の旧植民地からどっと移民が入ってきたことで問題が表面化した。イスラムにはもともと聖と俗を分ける発想がない。自分は正しいムスリムとして生きるのだと決めてしまうと、後戻りはできず、個人としての生活も社会生活も、ムスリムとして正しく生きようとする。当然、女性は、私的な空間だろうと、公的な空間だろうと、スカーフやヴェールで羞恥心の対象となる顔やうなじを隠してしまう。

フランス側はそれを許さない。許さないだけでなく、ムスリムというのはフランスの原理・原則を蔑ろにする連中だと、集団的に嫌悪を表すようになる。そうなってしまうと、今度はスカーフを被っていようがいまいが、彼らに対する偏見が強まる。

集団的に差別する構造はなかったはずなのに、集団的差別が生まれる。ムスリム側も、同じ信徒同胞に対する集団意識が強いから対立が先鋭化してしまう。日本人旅行者がフランスで感じる「差別感」は、ほとんどこの構造的な問題とは関係がない。駅員でも市役所の職員でも銀行員でも、フランス人は少しは相手の立場にたってものを考える訓練を受けた方がよいと思う。

個の確立のためには「人は人に対して狼」という段階を経て国家をつくらねばならないというのは、ホッブズ以来、すぐれてヨーロッパ的な感覚として理解できる。だが、それだけで世界はつくれないということを、もういい加減、フランス共和国も学ばないといけない。

「私はシャルリー」への違和感

パリにいるあいだに、フランス在住のムスリムと何度も話をした。一月に、シャルリー・エブド襲撃事件が起きた後だから、そのことも話した。そのなかで話題になったのが、事件後の大規模な集会で掲げられた「私はシャルリー＝Je suis Charlie」という標語のことだった。

「私には、あのプラカードを持って行進することはできなかった」

「私は、あの標語を好きになれない」

こういう声は、めずらしくなかった。事件から数か月がたち、なおかつ私がムスリムに対して偏見を抱いていないとわかったうえでの発言である。事件直後は、とてもそんなことを口にできる状況ではなかったと言う。私は、この事件の直後から、ずいぶん新聞やテレビでこの件について意見を述べた。といってもわずか二週間ほどのことで、そのあとは、「イスラム国」に拘束された日本人人質事件にかかりきりになってしまった。

私自身、あの標語を好きになれなかった。事件直後に、シャルリー・エブド紙が一面に掲げた絵。預言者ムハンマドとおぼしき人物が、涙を流しながら両手で持っていたのが「私はシャルリー」の標語だった。そして、ムハンマドの上には、「すべては赦された」という言葉が書かれている。この絵は風刺画でもなんでもなく、たとえムハンマドを描いたとしても、従来のシャルリー・エブドとは違って侮蔑的な要素はなかった。この作家は、何通りにも解釈できるように、この絵を描いた。すべては赦されたの「赦された」はパルドネという言葉になっていたから「許される」ではなく神のような絶対的な存在によって「赦される」の意味である。

シャルリー・エブドが、イスラムを冒瀆しようが何をしようが、その結果として何が起きようが、それは絶対に赦されるのだ、とも取れる。ただ、無神論のシャルリー・エブドだから赦すのが神であるはずはない、と解釈するとすれば、フランス的な普遍主義が赦すということになる。一方で、神が赦すととることもできる。その場合は、ムスリムの神が、テロで表現の自由を抹殺し、人を殺しても赦すということになるから批判を込めた痛烈な風刺とも取れる。

こんなばかげたかたちで人の命が奪われるということへの厭世的な気分を赦すという言葉で表現したのかもしれない。預言者自身もシャルリーと同じく、攻撃されることも、神によって赦されるという意味かもしれない。いずれにせよ、そのときに預言者ムハンマドとおぼしき人物が持っていたのが「私はシャルリー」という標語である。

ところが、その後のデモでこの標語が使われるときには、自分はあくまで言論の自由を絶対の権利とし、その意味で、襲撃を受けるというなら、表現の自由のための「殉教」も辞さないというフランス共和国の文脈で用いられていたように思える。私が違和感を持っていたのは、その部分である。表現の自由は、神や預言者への冒瀆も含めて、絶対的かつ根源的な権利であり自由であるというアピールとなっていた。それを殺人という手段で封じたテロリストへの憎しみが込められるのは当然である。私も、テロを絶対に許さないいし、その意味では、「私はシャルリー」の趣旨は理解できる。

しかし、ムスリムがこの標語に違和感をもったのは別の理由である。シャルリー・エブドはイスラムに限らず、カトリックの教皇も政治家もひとしく風刺の対象にしてきた。教皇や大統領はまぎれもなく権力者であり、時にその権力を専横し、時として果たすべき役割とは異なる不祥事に手を染める。それを風刺し批判するのは当然であるし、どぎつい表現であろうと許される。

だが、シャルリーはムスリムにとって預言者ムハンマドがどんな人間であるのかを見誤った。ムハンマドは、イエスと違って人間である。イエスのように、神の子としての性格は一切持ち合わせていない。あくまで生身の人間。しかし、このムハンマドが一四〇〇年前に実在したからこそ、今日の自分があると固く信じているのがムスリムなのである。彼なくして今の自分はいないということだから、その意味では、自分の母親のような存在であり、生きるための道を示したという点では、母親以上の存在なのである。

だから、ムスリムにとっては、ムハンマドを侮辱したり風刺したりするということは、およそ考えようのない醜悪な事態となる。シャルリー・エブドが掲載した預言者ムハンマドの風刺画の中には、預言者を裸にして嘲るものもあった。ムスリムは、そのような絵を目にすることもできないし、実際、話を聞いただけで恐るべき嫌悪を感じる。

まちがえてはならないのは、現世のイスラム圏の大統領の不正を罵ろうが、私利私欲に走る国王を非難しようが、御用イスラム学者を嘲ろうがムスリムはピクリとも反応しないということだ。そのとおりと拍手喝采する。

だが、ムハンマドは権威でも権力者でもない。ムスリムにとっては文字通り、かげかえのない人物である。その意味で、シャルリー・エブドがやったことは、このうえなく大切なひとを貶めることでムスリムを苦しめた。明確なヘイト・クライムだったのである。

しかし、無神論者や異教徒には、なぜ、それがヘイト・クライムなのかは理解できない。ここに、両者のあいだの決定的な断絶がある。この断絶を越えると、ムスリムの中には暴力的な応答も辞さないという人が必ず現れる。それは犯罪であるし、テロである。そのことは大方のムスリムも理解しているし、暴力で言論を封じようとはしない。しかしながら、大多数のムスリムが暴力に訴えないとしても、それが預言者への風刺や侮辱を肯定していることには決してならない。そのところを理解していないと、また、同じような事件は起きるはずである。

どうしても、「私はシャルリー」のプラカードを掲げて行進する気にはなれなかったというパリのムスリムたちは、テロを憎み、同様に、預言者を冒瀆してやまないシャルリー・エブドも憎んでいたはずである。それでも彼らもまた、フランス共和国の市民である。だが、事件の後、右派の政治家やポピュリストたちも加わって、声高に共和国を礼賛する姿に、多くのムスリムは強い違和感を覚えていた。

一つ、忘れてはならない。スカーフを被っていることでムスリマとわかる女性たちは、この事件の前も、後も、パリの街の中で罵声を浴びた経験を少なからず持っているのである。

されど、言説の大国

私が呼ばれたのは、社会科学高等研究院という研究専門の大学院である。歴史学者のフェルナン・ブローデル等によって設立され、社会学者のピエール・ブルデューやロラン・バルト、それにレヴィ=ストロースも教鞭をとったという。日本研究で名高いオーギュスタン・ベルク教授もここにおられた。研究中心の国の機関で教育はもっぱら大学院を対象にしている。フランス研究者なら、ここに呼ばれるというのは名誉なことだろう。だが、私の場合は、だいぶ本流を外れている。中東における暴力の歴史を専門にしているハミット・ボザルスラン教授が呼んでくれた。

この先生がなかなかの人物である。トルコの東南部クルド地域の出身で、一〇代で政治的な困難からトルコを出て、スウェーデンを経由して二三歳でフランスに渡り、一からフランス語を学んで大学を出て、大学院を出て博士号を取り、社会科学高等研究院の教授になったという。簡単にできることではない。生粋のフランス人の学者にとっても、ここの教授になるというのは研究面で高い評価を得ていることの証である。

グランゼコールや権威ある大学やらの先生たちにも知己はいるが、大なり小なり、フランスのエリート教授らしさを漂わせている人が多い。しかし彼はまったく違う。いつ会っても柔和な微笑みをたたえ、しかも「刑事コロンボ」のような服装で、一切飾るところがない。ヘヴィー・スモーカーで、ＥＵ諸国が屋内施設を禁煙にしたためカフェの中ではタバコが吸えなくなると「ファシスト！」と罵りながら寒空の外でタバコをふかしている。

二〇一五年四月二四日、第一次大戦のさなかオスマン帝国領から途方もない数のアルメニア人が追放され殺害された「虐殺」から百周年を迎えた。その直前に、トルコの内政・外交についての公開討論がＣＮＲＳ（国立科学研究センター）であり、若手の研究者やボザルスラン先生、そして私も講演した。フランスにはこの惨禍を逃れたアルメニア人の末裔が大勢暮らしているから、四月二四日には各地で大規模な抗議集会が開かれる。

トルコはアルメニア人虐殺には関与していないという立場をとっている。会場にはトルコ大使館員が来ていて、フランス側の研究者にほとんど罵詈雑言と言ってよいほどの非難をあびせた。ボザルスラン先生は、淡々と証拠を基に反論する。私はトルコの現政権の権威主義化に言及したのだが、矛先は私にも向けられて「日本人に何がわかる」と言われた。翌々月、トルコでは総選挙が行われ、私が批判した現政権は大きく議席を減らした。何人《なにじん》であろうと、わかる人にはわかるだけのことである。

先ごろ、日本の在フランクフルト総領事が、日本の歴史認識をめぐってドイツの新聞の特派員が気に食わぬ記事を書いたという理由で、わざわざ本社に抗議したという報道があった。どの国でもこういうことは起きる。外交官が抗議するのは、本国の訓令に基づいてやるのだから宮仕えの彼らとしては仕事のうちである。しかし、フランスにおいては批判のロジックと証拠が重視される。トルコの外交官は、聴衆から学問研究の場に安易に政治を持ち込むなと厳しく批判された。

後日、ボザルスラン教授とＥＨＥＳＳの近くのカフェでビールを飲んでいるとき、最近の日本で権力がジャーナリズムに干渉を強めていることが話題になった。彼は、フランスでは「批判」が圧力の対象になることはほとんどないと語った。ジャーナリストであれ、学者であれ、きっちり証拠を積み重ねて論理的に権力批判を行うのは当然のことで、それに感情的に反論したり、まして圧力を行使したりするようでは、幼稚の誹りを免れないという。フランスの大学や研究機関は大半が国立だが、そこに籍を置く研究者が時の政府に対して批判することなど日常的で、批判に目くじらを立てるようでは民主国家として未熟ということになる。

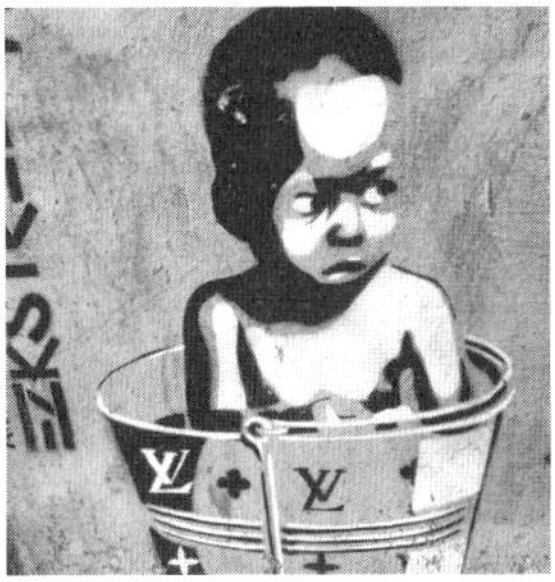
街中の落書き

私は、フランスが異文化、とりわけイスラムに対して高圧的な態度をとることには批判的である。自由・平等・同胞愛のスローガンの下で、格差の拡大を放置し移民を困難な状況に追い詰めたことも欺瞞だと思っている。しかし、批判の自由を保障し、権力に対する批判の論陣を張ることの自由が保障される点において、やはりフランスは言説の大国と言わざるを得ないと思うのである。

本節は『京都新聞』二〇一五年五月二八日掲載のコラム「共和国の下で」に加筆。

花崗岩の都市、アバディーン

アバディーンの静かな時間

　パリの次は、スコットランド東北のアバディーンである。めったに日本人が訪れないこの地を選んだのには、いくつか理由がある。

　一つめは、つまらぬことだが滞在したことがなかったこと。二つめは、ここの大学なら黙って客員教授にしてくれるうえに金をとられないから。英国の有名どころの大学は、客員研究員にしてもらって箔をつけようという外国人が多いので、置いてやるけど金を払えと言うらしい。今さら、箔をつける気など毛頭ないので、この手の大学は最初から考えなかった。三つめだが、あえて自分の研究テーマである移民の問題やイスラムの問題から遠いところで静かに考えたかった。英国自体にとっては、移民問題もイスラム問題も大変重要な課題なのだが、渦中の町に滞在して研究するのは、調査そのものに来る別の機会にゆずり、今回は距離を置いてこの問題を眺めたかったのである。

　スコットランドもだいぶ北にあるアバディーン（北緯五七度）にも、もちろん移民を出自とする人は住んでいるが、あまり問題にはならない。問題にならないのは、ひとえにこの都市が豊

アバディーンの我が家の窓から

かであることによる。ここ数年では、スコットランド独立の運動も起きたが、スコットランド国民党の政策は、移民や少数者に対しても排除する政策を採らない。排外主義者は少ないようである。

　そして最後に、これは週末の楽しみだが、アバディーンは、ハイランドと呼ばれる地方にあり、スペイサイドにも近い。このあたりには八〇を超える蒸留所があり、スコッチ・ウイスキーの聖地なのである。蒸留所を訪ねあるくのも楽しそうだ。しかし、日本での忙しい仕事の合間に、こういう夢想をしていても話は現実のものとはならない。これを実現してくれたのは、かつてアバディーン大学の先生をしていた畏友ムスタファ・ケマル・パシャ先生夫妻の尽力である。

　パリ滞在の最後のあたりから、左足の踵が腫れてひどく痛み出した。出発前のぎっくり腰に続いて、二度目の災厄である。日本で働いている同僚たちの怨念かもしれない。前に京都でもなったことがあるので原因はわかっていた。

　歩きすぎ。

　しかも底の硬い靴を履いて、パリの街をガシガシと歩いたのがいけない。なかでも、パリ滞在中にデザイナーの見習いをしている娘が来て、あちこち連れまわされたのが、さらにいけなかった。踵の骨がささくれだっていて、激しく使うと炎症を起こすと整形外科医に忠告されていたのに、有頂天になって歩いたものだから、案の定、ひどい痛みに悩まされた。

アバディーンに着いてからも、薬屋に行って強力な痛み止めと消炎剤の軟膏を買い、靴は、できるだけ踵の衝撃を吸収するスニーカーに変えた。ロキソニンという痛み止めはかなり効果があるのだが、フランスでも英国でも薬局で買うことはできない。そのかわり、日本でも市販されているヴォルタレンという薬の薬効成分を強化したのを売っている。これを踵に塗ったり、湿布薬を買って貼ったり、とにかく痛み止めと衝撃吸収靴の探索にずいぶん時間を費やした。しかしそういうネガティブな事態も、いろいろ学ぶ機会になる。英国はＮＨＳという医療制度を採っているが、これがなかなかの大赤字である。そのため、軽微な病や怪我では医者に来るなというのが政府の方針らしい。そのため、わりと強力な痛み止めでも、薬局のみならず、スーパーでもふつうに手に入る。

英国で主流となっている痛み止めは、パラセタモルとイブプロフェンである。イブプロフェンは日本でもお馴染みだが、パラセタモルというのは初めて聞く名前だった。これがなかなかよく効く。ずいぶん安いもので五〇ペンスも出すと買える。日本円がポンドに比べてずいぶん価値を下げているときに滞在したから、言うまでもなく、英国の物価はひどく高く感じることが多いのだが、医薬品には消費税にあたる付加価値税がかかっていないので安い。

事情が違うから無責任なことは言わないが、英国の消費税は一般に二〇％とずいぶん高率だけれども、食料品や医薬品などには軽減税率や無税の措置をとっている。格差の拡大が問題となっているときに、日本も消費税を増税するつもりなら、一律課税をすべきではないと思う。

グラナイト・シティ

自分でも愚かだと思うのだが、それでも未知の街を歩き回る習性だけは変えることができない。未知の街は歩いて知る。昔学んだ地理学の教えである。それで踵が治るのに時間がかかってしまった。おまけに、来てから気が付いたのだが、アバディーンは都市全体が花崗岩でできている。グラナイト・シティと呼ばれるくらいで、石畳から建物まで、すべて花崗岩なのである。でこぼこの古い石畳があちこちに残っているから歩きにくいことこのうえない。

来た当初は、まだ天気の悪い日が多かったのだが、雲が晴れると、とたんに突き抜けるような青空になる。雨が降っているときに、この花崗岩の街並みを見ていると、同じ灰色の建物が並んでいるから陰鬱このうえない。しかし、晴れた瞬間、灰色だと思い込んでいた石に含まれている石英や黒い雲母が輝き始めるのである。とくに、古い建物は花崗岩の表面を磨いていないから、ごつごつした表面から無数の石英や雲母がきらきらと光を反射して美しい。

この地域では花崗岩を採掘してきた。しかし、掘り尽くしてしまったようで、今では中国から輸入して調達している。なにしろ街中が花崗岩だから、新しい建物でも調和のために花崗岩を使おうとするのだが、もはや、地元では産出していない。

私たちがひと月半を過ごした家も、一九世紀の初頭につくられたゴールデン・スクエアという広場に面したグラナイト・ハウスだった。もちろん、内装はすでに断熱材を入れて暖房が効きやすくしてある。昔は暖炉で暖めていたのだが、あまりに寒くて家が暖まらないのでスチーム暖房を入れる。六月半ばにアバディーンを離れるまで、暖房を切った日はなかった。六月になっても、気温は一〇度前後までしか上がらなかったからである。しかし、北海道と比べると、だいぶ高緯度にあるにもかかわらず、それでも温暖である。夏のアバディーンは冷涼だが、冬は最高気温が六度、最低気温がマイナス一度ぐらい（一月、二月）だから、京都よりも暖かいことがある。

アバディーン近郊のクラティス城

グラナイト・シティの建造物は、外装に関しては歴史的建造物を保存する市の方針で、一切、手を加えることが禁じられている。同じ石で町全体を造ってしまったものだから、非常に均整の取れた街並みが実現したので、もはやこれは壊しようがない。一九七〇年代になると北海油田が開発され、アバディーンは基地として大変栄えた。バブルのせいで近代的な都市ができても良さそうなものだが、壊すのに費用がかかりすぎて、そのまま

アバディーンのグラバー邸

古い建物が会社の事務所などに使われたのかもしれない。

北海油田の開発以前は漁業と貿易の町で、古くは花崗岩を海外にも輸出していたし、一九世紀には造船所もあって軍艦なども建造していた。明治初年に日本海軍の旗艦となった龍驤《りゅうじょう》や江華島事件で朝鮮側に砲撃した雲揚という軍艦は、いずれもアバディーンで造られている。

日本とのつながりといえば、幕末から明治にかけて、日本での軍事産業と工業化の礎を築いたトマス・グラバーはアバディーンの北、北海に面したフレイザバラの出身である。現在も、アバディーンの郊外には彼の家族が暮らした家が残っている。長崎とならんでもう一つのグラバー邸だが、今は、住む人もなく、屋敷の外壁に、「スコッティシュ・サムライ」というプレートが掲げられているだけ。訪れる人もいない。中に入ってみると、三菱重工が寄贈した説明板がある。岩崎弥太郎と組んで長崎での造船事業を立ち上げたことによる。

日本では、長崎や山口の近代工業の基礎となった遺構や現在も使われている施設がユネスコの世界遺産に登録をめざしている。日本における近代の産業革命の遺産というのだが、グラバーは薩摩藩や長州藩に武器を売って日本での地歩を固めた人物である。日本は明治になって近代化を始めるやいなや、朝鮮半島への侵略を開始したのだから、この世界遺産登録に韓国から異論が出たのも無理はない。

優しきアバディーンの人びと

この街を歩いていて最初の印象は、なんと人が優しいのかということであった。直前までいたのがパリで、なんとも愛想がよくない。フランス語を自由にあやつることができないのに言うのは烏滸《おこ》がましいが、日常的に接する地下鉄の駅員でさえ、おそろしく愛想が悪いし、敵意すら感じることがあった。

ところが、アバディーンに来ると、バスの運転手といい駅の職員といい、こちらが話していることを最後まできちんと聞いて、こうしたらいい、ああしたらいいと丁寧に説明してくれる。とにかく、せかせかと応対しないのである。こちらが外国人だから、そうしているのではなく、高齢の方がまごまごしていても、じつにきちんと対応し失礼な態度をとらない。その間、後ろの人たちは行儀よく待っている。一か月半の滞在中、ことごとくそうであったから、これはもうアバディーンの人びとが総じて他者に対して優しく応じると言ってもよいと思う。

これはもちろん、人の心の余裕と無関係ではなく、心の余裕は経済的なゆとりと無関係ではない。英国の他の都市と比べても極端な貧困層は少なく、移民たちが同質的に貧しく社会の底辺に滞留するということもない。不動産屋の店先をのぞいてみると、売家は一軒、三〇万ポンド以上が多いし、郊外の一軒家になると五〇万ポンド（滞在時の二〇一五年五月のレートでほぼ一億円）もふつうである。日本の高価な家とちがって、目新しい仕様になっていたり先端技術を駆使したりしているわけではない。なにしろ、構造は百年、二百年前と同じ花崗岩の石造りである。壊しては造る日本の住宅とは根本的に違う。

驚いたのが、ちょっと人通りの少ない道で行き合う人がにっこり微笑んで挨拶するのである。スコットランドの大都市であるエジンバラやグラスゴーではそういう経験をしなかった。忙しく人が行き交うロンドンでも、もちろんそういうことはなかった。山などで出会った人が挨拶を交わすのは、日本でもあるけれど、ふつうにすれ違う人が微笑んで挨拶を交わすというのは、新鮮な驚きだった。レストランやパブの店員さんたちも、いたってフレンドリーで微笑みをたやさない。ヨーロッパにこういう都市があるとは思わなかった。

旅人に対するホスピタリティなのかもしれないが、そもそもアバディーンを観光で訪れる人がさほど多いとは思えない。あるレストランで夕食をとったときなど、接客をしてくれた女性が、アバディーンに来たら、あそこへ行くといい、ここで飲むといい、フィッシュ・アンド・チップスならこの店がいいと、他の店まで勧めてくれる。ここまでされると、優しさとホスピタリティは偶然ではないと確信せざるを得なかった。ずいぶん親切にしてくれるので驚きましたと言うと、一言「ロンドンとは違います」という答えが返ってきた。スコットランドの誇りなのかもしれない。

アバディーン近郊の森

もう一つ確かなことは、見ず知らずの人間に、面倒くさがらないということがある。あるところまで路線バスで行こうとした。英国の公共交通は一般に、片道で切符を買うとひどく高い。往復や一日券の方が安いことがしばしばある。ロンドンの地下鉄など、片道で買うと、まさか、というほど高い。八〇〇円近い。

バスの乗車口で切符を買おうとすると、どうすれば安いか、帰りのバスはどこから乗るか、停留所に近づいたら教えてあげるとか、学生証を持っていないのか（これは妻への問いであり、かなり喜ばせた）等々、かなり後ろの行列を心配しなければならないほど運転手が説明してくれる。

酒屋の店員さんなど、スコッチ・ウ

スコットランド、アバディーン近郊のエルギン産ウイスキー、グレン・エルギン

イスキーにプライドを持っているのだが、威張った様子や、そんなことも知らないのかという様子（日本の専門の酒屋にいくとしばしば見られる）をまったく窺わせない。近くのディスティラリーへの行き方から、どこにその土地の美味い店があるかまで、懇切丁寧に教えてくれた。

滞在の最後に、日本から持参した「竹鶴一七年」をお礼に差し上げた。まったく土地勘のない私たちに、親切に教えてくださったのでプレゼントしたいと言うと、両手を大きく広げて「僕にくれるんですか、うれしい！」と大喜びしてくれた。日本のウイスキーは英国でも品質の高さはよく知られていて、シングルモルトの余市や山崎は、バーでもよくみかける。

他者に面倒くさがらないので、こちらもコミュニケーションを取りやすい。なんら自慢にならないのだが、私は英語圏に留学した経験もなければ、長く滞在したこともない。英国には何度か来たが、学会か短期の調査が多く、それもイングランドに限られていた。

ひと月半も滞在するのだから、毎日、英語を話さなければいけないし、テレビも英語だから、あらためてずいぶん、勉強をした。ロンドンあたりでも、いわゆる庶民的なところでの会話はほとんど聞き取れない。

スコットランドというところは、もっと聞き取れない。聞き取れないのは、スコットランドの話し方のせいと、スコットランド語（ゲール語）というほとんど別の言語からの語彙がまざるせいである。それでも、グラスゴーのように独特のアクセントが強くはないので、慣れてくると、アバディーンの人たちどうしの会話はなかなか聞き取れないが、先方が私に話すことは聞き取れるようになった。もちろん一生懸命、ふつうの英語で話そうとしてくれるからだろうが。そこで、こちらもいろいろなことを尋ねる。そうすると、彼らは辛抱強く、こちらの問いに答えてくれるのである。

日本では、とにかく英語を身につけろとうるさい。日本で言っているのは、ほとんどアメリカの英語のことで、中学校以来、Rの発音をしつこく舌を巻け、日本語のラリルレロのような発音をしちゃだめだと言われ続けた。LとRの発音の違いは、日本人にはなかなか即座に使い分けられない。

ところが、である。なんとアバディーンの人たちは、Rの発音をほとんど日本語のラリルレロで発音する。もちろん、舌を上あごにポンと当てて離しているから、ねっとり上あごにつけるLの音とは違うのだが、日本人の英語のようなRなのである。スーパーのレジの女性が、サンキュー・ヴェリ・マッチと言うので、インド系の人かと思ったらそうではない。他のところでも、みなヴェリ・マッチである。

日本では、どうしてそういうことをふまえて英語教育をしないのだろう。日本の英語教育は世界の英語を知らないような気がする。アメリカ英語だけが英語ではないし、スコットランドとはいえ英国の英語である。こんなことに気づくと、地元の人たちとの会話も少しずつ、楽しみになってくる。

イングランドへの距離感

　このエッセイを書くにあたって、じつはイギリスという言葉を使わないようにしている。日本語での表記だから、あまり気にすることもないのだが、イギリスと言ってしまうとイングランドを指しているように聞こえるからである。日本でも、官庁では連合王国（United Kingdom）を使う。

　もっと正確には、グレートブリテンおよび北アイルランド連合王国という。日本ではふつうイギリスというが、私は、現地でEnglish（イングランドの）という言葉を使うときは注意していた。純粋に「イングランドの」というときはイングリッシュだが、スコットランドの人は自分たちにかかわることには「スコティッシュ Scottish」と表現することが多い。

　私たちがユニオン・ジャックとして知っている英国の国旗は、イングランド、スコットランド、アイルランドの旗印を組み合わせたものである。ユニオン・ジャックでは濃いブルーになっている斜めのクロスがスコットランドの旗。スコットランドは独自の旗を持っているが、こちらはもっと明るいブルーに白である。

アバディーンでも、そのほかの都市でも、スコットランドにいると痛快なくらいにユニオン・ジャックを見ない。ユニオン・ジャックを掲げているのは英国軍の関連施設である。スコットランド旗以外になにかを掲げているとすれば、アイルランドの国旗だった。イングランドより親しみを感じているらしい。

スコットランドでは昨年、独立を求める住民投票を行ったばかりで、僅差で独立は見送られたものの、イングランドに対する距離感は消えていない。ちょうど滞在している二〇一五年五月に英国の総選挙があったのだが、スコットランドではスコットランド国民党（SNP）が圧勝した。スコットランドの民族主義を唱えるというよりも、社会民主主義政党としての性格を強く打ち出し、福祉や教育に重点を置いていることが広く評価された。気の毒なのは労働党で、スコットランドで大敗してしまったため大きく議席を減らすことになってしまった。

しかし、スコットランド国民党がナショナリズムを振りかざしたから労働党が負けたと言っているようではだめである。スコットランド国民党のニコラ・スタージョン党首はなかなかの論客で、イングランドでも左派の人たちから、どうやったらスコットランド国民党に投票できるのか？と言われたそうである。

もちろん、スコットランド国民党は、スコットランドでしか候補を立てていないから、イングランドの人たちは彼女の党に投票することはできない。独立をめぐる国民投票は否決されたものの、二〇一五年の総選挙でスコットランド国民党は六議席から五六議席へと大躍進し、スコットランドに割り当てられている五九議席の大半を得た。国政では、保守党、労働党に次いで第三党となった。

英国の大学は基本的に国立だが、最近は学費を取るようになっている。イングランドの大学はイングランド人からも学費を取るが、日本人など英国ともEUとも関係のない国からの留学生からはずいぶん高額の学費を取る。大学院など日本の大学の二倍以上のところもある。

ところが、スコットランドの大学はスコットランドの学生からは学費を徴収しない。エラスムス・プログラムでスコットランドに留学するヨーロッパの学生も無償である。しかし、イングランドの学生からは最高で九〇〇〇ポンド（およそ一七〇万円）の学費を取るという。なんだ、イングランドへの対抗意識かと早合点してはいけない。

イングランドの大学は、イングランドの学生からも最高で九〇〇〇ポンドまで学費を取ることができるし、スコットランドやEU諸国からの学生からも同じ基準で学費を課すことができる。

アバディーン大学のキングズ・カレッジ

スコットランドの政府は、高等教育は本来、無償であるべきで、イングランドの政策がおかしいと言う。イングランドの学生には気の毒だが、イングランド自身が自分のところの学生から高額の学費を取っているから、スコットランドの大学もイングランドの学生からは学費を徴するのだが、スコットランド人からは学費を取らない。スコットランド国民党のスタージョン党首（スコットランド政府の首相でもある）は、今後もスコットランドでは高等教育の無償を維持することを先の総選挙でも公約に掲げていた。

スコットランドの大学といえば、エジンバラ、グラスゴー、セント・アンドリュース、そして私が滞在したアバディーン大学が有名である。

アバディーン大学は、一四九五年に設立されたキングズ・カレッジがもとになっている。スタッフは親しみを込めて「廃墟」と呼んでいたが、これは立派なもので、一五九三年に設立されたマリシャル・カレッジ（現在は市庁舎）とともに、スコットランドの大学の歴史が刻まれている。

スコットランドにいるあいだに、ウィリアム・ウォレスという人物に興味を惹かれた。偶然なのだが、滞在中に「ブレイブハート＝Braveheart」（一九九五年）という映画をテレビで観たせいであ

イングランドの支配と戦った英雄、ウィリアム・ウォレスの像（アバディーン）

る。主人公のウィリアム・ウォレスは一三世紀の末から一四世紀のはじめにかけて、イングランドの支配と闘ったスコットランドの英雄。機智に富んだ作戦で、一時はイングランド軍を打ち破ったものの、最後には味方に裏切られてイングランドに捕らえられ、縛り首、内臓抉り出し、四肢を引き裂くという恐ろしい刑で殺されたという。

映画では、親友だったブルース・ロバート（初代スコットランド王）がウォレスを裏切り、二人の仲は微妙な描き方になっているのだが、両者とも、スコットランド建国の英雄には違いない。簡単に言ってしまえば、ウォレスは貴族の出身ではなかったが、ロバートは貴族。ウォレスは処世術には目もくれず、スコットランド独立のために猛然と戦って命を落とすが、ロバートは政治手腕もあって独立を成功させた、というニュアンスが映画からも読み取れる。

映画の主役はメル・ギブソンで、瘦身の戦士だが、アバディーン市の中心に立っている銅像のウォレスは筋骨隆々の大男である。ただ、彼の堂々たる銅像の近くにはロバートの銅像はない。ロバートの方は、かつてアバディーン大学の建物だった市庁舎の前にあるのだが、ウォレス像に比べるとなんとなく小ぶりである。スコットランドの人びとの心には、無謀な戦いを挑んで残忍な方法でイングランドに処刑されたウォレスへの共感があるのかもしれない。

映画は一九九五年の作品だが、それから二〇年、ついにスコットランドは独立を問う住民投票を実施するところまでいった。独立の気概に、この映画も一役買ったのかもしれない。

レジメンタル・タイ

スコットランドの誇りと言えば、スカートのような独特の衣装キルトと、それにほどこされるタータンというチェックの柄を今でも大切にしている。

アバディーンには、何軒かキルトをあつらえる店がある。結婚式などあらたまった席で着用するそうである。タータンは、各々の氏族によって柄が決まっている。何度か結婚式に遭遇したが、新婦はウエディングドレスだが、新郎や親族はキルト着用の正装である。上にはジャケットとヴェストを着てネクタイも家の柄のタータン。靴は、ギリーという編み上げの靴で紐は脛のあたりで結ぶ。毛皮をあしらった小さな鞄やシャツのカフスにいたるまで、スコットランドならではの装飾とスタイルがある。

せっかくアバディーンに滞在したので、なにか記念になるものを買おうと妻と探しまわったのだが、タータンものはうかつに買うことができない。何々家（クラン）のものとちゃんと書かれている。店の人に尋ねると、どのクランにも属さない人のためにアバディーン市のタータンがあると言う。アバディーン・ローズというピンクの入ったタータンのマフラーを買った。

四月からずっとネクタイを締めていない。こんなにネクタイをせず、スーツも着ない時間を過ごしたことがない。大学の教員には、そういう服装を嫌う人も多いが、私は、好きで着ていた。どういう職種だから、こういうものを着るべきだというような考えが好きではない。服装など、個人の自由にまかせるべきものだと思う。

かつて勤務していた国立大学では、学長と副学長を除くと、ほとんどの教員はカジュアルな服装をしていた。じつはこれも嫌いである。大学人なら、自分の地位によらず好きにしたらいいと思うのだが、管理職になった途端にスーツにブランド物のネクタイをして歩くのは滑稽である。だが、教員だけではない。学生たちは就職活動の時期になると、突然それまでのカジュアルな服装をやめて、男性も女性も喪服みたいな黒いスーツに白いシャツを着て授業にやってくる。これがどうにも似合っていない。スーツの袖は長すぎるし、シャツの首周りはだらんと開いている。しかも、たるみのあるソックスに靴を履くものだから、足を組むと毛脛が見えて見苦しい。

どうせ着るなら、そして見た目を気にするなら、こうした方がいいよと余計な世話を焼いているうちに、自分でもスーツの「型」というものを意識するようになった。スーツには「型」がある。基本の型を身につけてから、型を少しずつ崩して自分なりのスタイルを確立するのである。歌舞伎の「型」と同じことである。型を身につけずに、場当たり的に着てしまうと、文字どおり「形無し」ということになる。

ヨーロッパの文化についての授業をするようになって、どうにも訓詁学的な思想史の話では学生も辛かろうと思い、形あるものからヨーロッパを講じることにした。その一つが服装であり、「洋服」の話である。英国は、この話をするには格好の素材を提供してくれる。私たちが背広といっているものの原型は、ずいぶん英国の服装に負うところが多い。今回のスコットランド滞在中に、イングランドにも一度ぐらいは行こうと思い、ロンドンを訪ねた。といっても観光名所には関心がないので、大英博物館とナショナルギャラリーをじっくりと観て回った。

もう一つ訪ねたのは、サビルロウという通りである。ここには、妻がかつて勤めていた服飾メーカーがライセンスを持っていたハンツマン（Huntsman）というテイラーがある。一度そこを見たいという妻の希望もあって行ってみた。この通りには老舗のテイラーが何軒かあって、今も半地下のアトリエを覗くことができる。短い滞在だから、服をあつらえることはできない。店員にそれを詫びて店を見学させてもらった。あつらえれば五〇万円から一〇〇万円はするだろうという生地見本や顧客の型紙が天井からつるされている様は壮観であった。なかには **H.R.H.**（His Royal Highness）と書かれた型紙もあった。王族のものである。

だが、ロンドンで見ていても、そんな高額のスーツを着ている人を見かけることはほとんどない。議会の中や、シティの金融街にはいるのかもしれないが、ふつうに街中でみかける人たちは、スーツなど着ていないし、着ていたとしても日本と同じように、そこそこの既製服を着ている人が圧倒的に多い。

ロンドン滞在中に、ロイヤル・アルバート・ホールのコンサートにでかけた。ウォーターループ（ワーテルロー）の戦いで勝利してから二〇〇年の記念コンサートである。この歴史感覚にはなかなか恐ろしいものを覚える。薩英戦争（一八六三年）とか異国船打ち払い令（一八二五年）

の記念コンサートでもやろうというところだろうか。オーケストラはロイヤル・フィルハーモニーだが、いろいろ趣向を凝らしてあって、ホールの最上階でマスケット銃を撃ち合うという派手なパフォーマンスもあった。聴衆の高齢者が何人かショックで倒れるのではないかと思うほどの轟音だったが、さすが、戦争にも銃にも慣れているとみえてみんな平然としている。

このホールは格式のある会場なので、さて、どういう服装で行こうかと迷ったのだが、ちょうど、足を痛めていてスニーカーを履いていたので、ジーンズにスニーカー、上だけは一応、ジャケットは着ていった。面白いので聴衆の服装を観察していたのだが、これが千差万別であった。女性は概してお洒落をしていて、ドレスの方もおられたし、男性も年配の方はジャケットにネクタイ、それにポケットチーフをあしらうなど、なかなかの洒落者もいる。

他方、サッカーの観戦にでも来るように、上着もなくカジュアルな姿で、あろうことか手にビールのカップを持ったまま席に着く人もいる。もっとも、合間の休憩には日本のサッカーや野球の試合のように、かごをぶら下げてアイスクリームを売り歩くのだから堅苦しい場でもない。

英国はいまだに階級社会である。しかし、もはやコンサートのような場は、上流階級の存在を印象づける場ではない。労働者であれ、誰であれ、好きな格好で来ることができるという意味でパブリックな場となっている。排除はしないが階級差は見えるのである。

毎日、スーツも着なければネクタイもしない生活をしていたら、だんだん服装などどうでもよくなってきた。もう少し正確に言うと、スコットランドは寒すぎて、日本から持ってきたヴェストと冬用のコートを手放せなかった。そしてアバディーンの人たちは、あまりにもみな私と同じような格好をしていたのである。スーツで歩いている人などほとんどいない。初めての街で、浮いた格好をするのは嫌だったし、この寒さでは他に選択肢がない。安心してアバディーンの人たちに紛れ込んだ。そして気温が一四度ぐらいに上がって晴れると、若者たちはTシャツ姿である。女性たちも、そこまで薄着になって寒くないのかと案じるほどの夏姿になる。

私は、とても寒くて彼らのまねはできないから、ずっと同じものを着たきりである。それでも、老人たちはあいかわらず厚着で歩いているから、私もその中に紛れ込むことができた。スコットランドの人にとって、改まった服装とはタータン柄のキルトであり、それ以外は、どうでもよいのかもしれない。

にもかかわらず、私は一本のネクタイをみやげに買った。アバディーンにあるゴードン・ハイランダーズ(スコットランド出兵者で構成された陸軍部隊)の博物館を訪れたとき、土産物店でレジメンタル・タイを買ったのである。ふだん日本にいるとき、私はめったに縞のネクタイをしない。スーツかシャツに柄が入っているとうるさいからである。日本ではストライプというが、斜めに縞の入ったネクタイはレジメンタル・ストライプのネクタイと呼ばれる。

レジメントとは軍隊の連隊のことで、連隊ごとに縞の色や太さが決まっていて団結と連帯の象徴だったことに由来する。英国のものは、身に着けたときに左肩から右にストライプが下がっていく。正面から見ると右が上で左に下がるのは英国式ということになる。アメリカの縞ネクタイは逆に右肩から左に下がる。うるさい英国の伝統に逆らったのかもしれない。

帰属意識を表すものを首から下にぶら下げるのも好みでなかったし、なにしろ軍隊に由来するということで避けていた。ゴードン・ハイランダーズ博物館で売っていたのは、当然、ゴードン・ハイランダーズ歩兵連隊のレジメンタル・タイである。濃い青、黒、深い緑、黄金色が並ぶ、美しい配色だった。それだけの理由で買った。英国では恐ろしくて身に着けられないが、日本では誰も気づくことはないだろうから、紺か、ベージュのジャケットに合わせてみようと思う。だが、大学では身に着けない。一九世紀後半、この連隊と死闘を繰り広げたアフガニスタンの留学生が大勢いるからである。彼らがそんなことを知っているとは思えないが、アフガニスタンの人びとにとって大英帝国の軍隊というのは、何世紀にもわたり侵略を続けた敵である。

このネクタイを売り場で見ていたら、博物館のスタッフである老人が近づいてきた。もう一つ別のストライプのネクタイも売っているので、どちらがハイランダーズなのかを尋ねた。私が買ったものを指して、自分のネクタイもそうだと言うので、もう一つ置いてあるのはなにかを尋ねたところ、悲しそうな表情を浮かべて「もう、ハイランダーズ連隊はなくなった。一九九四年に王立連隊に組み込まれてしまった」と言う。もう一つの方は、現在のロイヤル・レジメントの縞模様だったのだ。

二つ手にとって眺めていたら「こちらをお勧めしたいのですが」と、ハイランダーズ連隊のネクタイを指すので、そちらを購入した。やはり、ゴードン・ハイランダーズも自分たちの誇りなのだろう。英国全体の軍の組織に編入されたことへの悔しさがにじみ出ていた。ただし、国際的な舞台で、この種のネクタイは着けるものではない。どこに連隊の関係者がいないとも限らないからである。

「スコットランドの釣鐘草」の悲哀

Oh where, tell me where, is your highland laddie gone?
　どこに行ってしまったの？　あなたのハイランドの青年は？

有名な、「スコットランドの釣鐘草 The bluebells of Scotland」の歌詞の最初の部分である。後半に出てくるhighland はスコットランド北部のことで、英語読みにすればハイランドとなるのだが、スコットランドの歌手が歌っているのを聞くとヒッランドと発音している。次のladdie は青年のことで、これはスコットランド語（ゲール語）から来ているそうである。今のスコットランドではゲール語を話す地域は限られているし、みな英語はできるのだが、単語の中にはゲール語起源のものがたくさん含まれている。

教会はchurch ではなくkirk だから、ゲルマン語系の言葉に似ている。ドイツ語ではKirche である。湖はloch（ロッホ）でlake とは言わない。有名なネス湖はしたがってLoch Ness、ロッホ・ネスと言う。有名なスコッチ・ウイスキーにグレン・リベットとかグレン・フィディッ

グラスゴーの駅。上が英語で下がゲール語らしい

クというのがあるが、このglenは谷のことである。山はben。北西スコットランドにBen Nevisという高い山があるが、英語ならMount Nevisということになる。

スコットランドを走る鉄道は、おおむねスコットレイル社である。駅には、英語での表記と、私にはまったくわからないゲール語での表記を重ねて表示している。難しいのは、英語での表記の方も駅名だから、ゲール語が英語に入ったものがある。例えば鉄道の駅名ではないが、先に挙げたネス湖をLake Nessとは書かない。あくまで英語表記としてLoch Nessと書くのである。

実際、ゲール語を話す人口はだいぶ減ったということだったが、それでも、やはり文化への誇りを持っている。英国の公共放送であるBBCにも、スコットランド向けのチャンネルがある。ふだんは英語で話しているが、時間帯によっては、完全にゲール語の番組を放送する。画面の下には英語の字幕をつけている。こうして、マイノリティの文化を国家として支える姿勢は重要である。

「スコットランドの釣鐘草」の歌詞の一つを紹介しよう。

He's gone with streaming banners
where noble deeds are done
And it's oh! in my heart
I wish him safe at home.
　彼はひるがえる旗とともに崇高な目的のためにそれを果たすところに行ってしまった
　私の心は彼が安全に家に戻ることを願うばかり

Oh where, tell me where,
did your highland laddie dwell?
Oh where, tell me where,
did your highland laddie dwell?
　教えて、あなたのハイランドの青年はどこに住んでいるの？

He dwelt in bonnie Scotland
where bloom the sweet bluebells
And it's oh! in my heart
How I love my laddie well
　彼は、可愛い釣鐘草が咲く美しいスコットランドに住んでいた

私は心の中で、どれほど彼を愛していることでしょう

Oh what, tell me
What if your highland lad be slain?
もしあなたのハイランドの青年が殺されてしまったら、どうしましょう

Oh what, tell me
What if your highland lad be slain?
（繰り返し）

Oh no, true love will be his guide
And bring him safe again
いいえ、本当の愛が彼を護って安全に返してくれるでしょう

For it's oh! my heart would break
If my highland lad were slain.
もし、私のハイランドの青年が殺されてしまったら、私の心は張り裂けてしまいます

この歌を例に挙げたのは、スコットランドの人びとの心が凝縮されているように思えたからである。ハイランドというのはスコットランド北部の高地のことである。私が滞在したアバディーンは、ハイランドからは外れていて、アバディーンシャーという地域になる。この地では、戦争に赴く若者たちが大勢いた。スコットランドが戦乱の地だったのは中世のころだが、大英帝国の時代には国家のために出征した若者たちが大勢いたのである。おそらく彼らを待つ女性の気持ちを率直に歌っているのだが、戦意を鼓舞するバグパイプとは違って、いたって人の気持ちを大切にした歌である。じつはこの歌、日本にも明治期に持ち込まれている。しかし、「うつくしき」という名前に変わり、歌詞は次のように改作されている。

稲垣千穎作詞

うつくしき　わが子やいずこ
うつくしき　わが長の子は
弓とりて　君のみさきに
勇みたちて　別れゆきにけり

うつくしき　わが子やいずこ
うつくしき　わが中の子は
太刀帯きて　君のみもとに

明治の初期に伊澤修二の下で音楽取調掛をつとめた稲垣の歌詞は、明らかに当時の日本の国策に従って、大君のために勇んで戦いに行く男性を歌っているが、スコットランドにつたわる歌詞は、そうではない。私が関心をもったのは、戦いに行く男性を想って歌う恋心と「殺されてしまったら心が張り裂けてしまう」と悲痛な想いを最後の詞に持ってきている点である。

もっとも、この歌詞もいくつかのバージョンがあり、一九世紀には国王ジョージ（三世）のためにフランスと戦いに行くという詞のものもある。この王によるフランスとの戦いにはいくつもあるが、最後が一八一五年のウォータールーの戦いである。今年は、ちょうど二〇〇年にあたるというので英国では記念行事がいくつも行われた。二〇〇年前の勝利をいまだに祝うのだから、英国という国は戦争とともにあった歴史があまりにも長い。勇猛や栄誉、そして喪失や惨禍が溶融して、途方もない歴史を形成している国である。

スコットランドには、ゴードン・ハイランダーズ（Gordon Highlanders）という歩兵連隊があって、一八八一年から一九九五年までゴードン家の名前を冠して呼ばれていた。連隊そのもののルーツは一八世紀末にまで遡り、デューク・オブ・ゴードン（Duke of Gordon）が率いた第九二ハイランダーズ歩兵連隊は、エジプトやアフガニスタンにまで遠征し、ウォータールーの戦いではナポレオンのフランス軍とも戦った。アフガニスタンでも一九世紀から二〇世紀にかけて何度も戦った。

一八八〇年には激戦の末カンダハールを陥落させたと英国側の戦史には出てくるが、一年後にはアフガニスタンから撤退を余儀なくされているから、かなりの打撃を受けたのだろう。スコットランドの、しかもハイランドからアフガニスタンやエジプトへ。文字どおり侵略のための遠征だが、空間的な距離や気候の違いを考えると愕然とする。カンダハールでの戦いは夏だったから猛暑と乾燥の中での戦いだっただろう。夏でも二〇度をなかなか超えないハイランドから、そういう場所にまで行って戦い続ける意志には想像を超えるものがある。

アバディーンの中心にある広場には、第九二ハイランダーズ歩兵連隊を称える銅像が建っているのだが、いつもカモメが兵士の頭の上に陣取ってあたりを睥睨しているのがおかしかった。台座には、ウィンストン・チャーチルが最高の連隊と称賛した言葉が刻まれている。この連隊の兵士は、主に、アバディーンとその周辺から集められていたのである。アバディーンは海岸に位置していて高地ではないから、ハイランドには含まれないのだが、ハイランドからの兵士も多かったのだろうか。連隊の名前はハイランダーズである。

スコットランドの釣鐘草

肝心の釣鐘草だが、英語でブルー・ベルという。釣鐘といっても梵鐘のような形をしているわけではなく、ベルを細くしたようなかたちで小さな花をいくつもつける。色は青というよりも、やや紫色がまざったような色のものが多かった。実際、そこらじゅうにあるもので、庭に植えられているのもあれば、森の中で自生しているのもあった。可憐の一言につきる花である。

パブで飲む樽詰めエール

日本にいるとき、行ってみたいと思っていたのがパブである。イングランドには、労働者階級とそれより上の階級の人間の入り口が分かれているという、いやらしいのがある。昔、シェフィールドあたりでそういうパブに行って、階級社会の阿呆らしさを痛感したことがある。アバディーンにもパブはいくらでもあるが、入り口が分かれている店はなかった。だから入りやすいかというとそうでもなくて、中がみえないから入りにくい。中がみえないのは、法律的なものなのか、あるいは建物の構造的なものなのか聞くのを忘れた。

だが、花崗岩でつくられているこの町の建物はなにしろ壁が厚くて、中の喧噪が外に漏れることがないから、静まり返った通りを歩いていて、そこがパブであると気づくには、よほど注意して看板を見ていなければならない。

滞在していた家のすぐ裏にグローブ・インという宿舎兼用のパブがあった。ここも、外に一切音は漏れていないのだが、ドアを開けた途端にすさまじい騒ぎである。五月のアバディーンは、まだ冷たい雨の降る日が多いのだが、中はTシャツの男性、ノー・スリーブの女性たちがビー

アバディーンの家の近くのパブ「グローブ亭」

ルのグラスを片手に大声で笑い合っている。男女とも、たいそう体格のいい人たちが集まってビールを流し込んでいるのは壮観である。

　モンキー・ハウスというパブもよく行った。町一番の大通り、ユニオン・ストリートにある古い保険会社の建物がパブになっていて、猿が人に進化するロゴが面白い。入り口はドーリア様式の花崗岩の柱で飾られ、店内にはコリント様式の柱がある。重厚で広々とした空間にはゆったりしたソファや立ち飲み用のテーブル、それに食事用のスペースもあって高級感が漂うが、メニューも値段も他の店とほぼ一緒。ふだんの日の午後など、おばあちゃんが買い物帰りに友達と待ち合わせてビールでおしゃべりする姿が印象的だった。

一変するのはサッカーの試合があるときで、立錐の余地がないというのはこのことかと思うほど老若男女で溢れかえり、注文するカウンターにたどり着けず退散したこともあった。パブというところは、基本的に注文するときに代金を払うシステムで、わかりやすい。食事をするときはテーブルで会計をお願いすることもできる。食事時以外でも食べ物を出す店もあるが、たいていは飲み物だけである。

　ビールにラガーとエールがあることぐらいは知っていたが、ラガーが下面発酵、エールが上面発酵と言われても何のことだかわからない。酒を造る酵母が下に沈むのが下面発酵で、上に浮いてくるのが上面発酵というらしいが、大昔からあったのはエールの方で、ラガーの方が後世のものだそうだ。唯一、エールというのは生ぬるいビールだということは知っていた。常温で発酵させるタイプだから、ぬるいということになる。ラガーは低温で発酵させる酵母を使うのだそうだが、冷やすことができるようになって、こちらが世界中に広まった。

　アバディーンのスーパーで売れていたのは、意外なことに外国製のビールだった。スコットランドの次にドイツに行くことになっていたし、スコットランドの前に滞在したのはフランスだから、なにも両国のビールを飲むこともないと思い、もっぱら英国、とくにスコットランドのビールを飲んでいた。

　パブでエールを頼むのはおもしろい。「本日の樽詰めエール」と黒板に書いてあって、各々ア

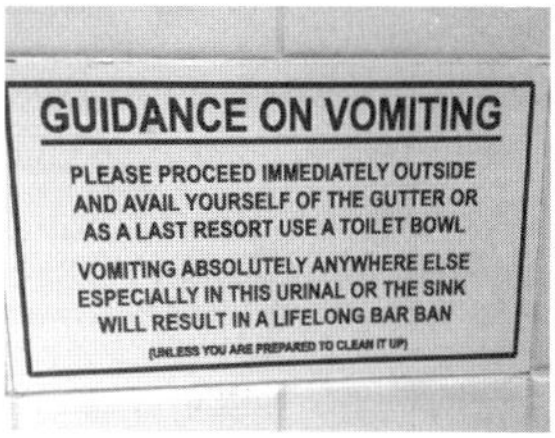

港のパブのガイダンス

ルコール度数を記してくれるのだが、好みの味かどうかはわからないから、当てずっぽうで頼むしかない。どうせ当てずっぽうなので、「スコットランドのはどれ?」とか、「このあたりのエールはどれ?」と尋ねてそれを飲んでいた。常温の生ぬるいビールなんて飲めるか、と思っていたのだが、これが飲めるのである。なぜ飲めるかというと、そもそも気温が低すぎて、さらにキンキンに冷えたビールを飲もうという気にならない。スコットランドに滞在して、私のビールに対する観念は変わった。

暑いところで、喉を鳴らして飲むという習慣は日本のような熱帯湿潤の夏には良いが、一年中、気温が一〇度から一〇度台を行きつ戻りつしているスコットランドには合わない。実際、エールというのは、もともと常温であるから、おしゃべりをしながら飲むには最適である。

港のパブより

パブでもワインを飲む人は多いが、ビールにせよワインにせよ、おしゃべり用なのだろう。なにか食べながら飲む人は少ないから、ゆっくり飲むには好みのエールは適している。

その分、味にはバラエティがあって、喩えが良くないが、なかには醤油を薄めて苦味を含ませたようなのもあった。旨みがあるのがエールの特徴なのだろう。どんなブランドと問われても覚えていない。適当に入ったパブで、「何があるの?」と尋ねればよいだけのことである。

「ウイスキーの聖地」の蒸留所

滞在していたアバディーンから東、東北に行くとハイランドのウイスキーの産地である。とくに、スペイ川の流域はスペイサイドと呼ばれて蒸留所が集中している。ハイランド産とされるのが三〇、スペイサイドには五〇の蒸留所がある。最初に訪れたのはスペイサイドのストラスアイラという蒸留所で一七八六年の創業。ここは、日本でも知られているシーバス・リーガルというウイスキーの原酒を造っている。ここに行ったのは、単に、鉄道で行きやすいという理由なのだが、シーバス・ブラザースという大企業の傘下にあるので、施設も整っていて見学しやすい。

アバディーンから、インヴァネスに向かって西に走る列車に乗り、キース（Keith）という駅で降りる。降りても駅前には何もない。さびしいうえに雲行きも怪しくなると、どうにも心細いのだが、妻の道案内で歩いていくと、静謐と厳かさを備えた蒸留所に出会った。蒸留所は、たいていい麦芽を乾燥させるために加熱するキルンという施設の上がとんがり屋根になっているから、近くに来ればそれとわかる。

こんな薄ら寒い天気の悪い日に見学者がいるのだろうかと思ってヴィジター・センターを訪れると、一〇人ほど集まっている。ドイツから来た親子連れや英国の人などさまざまだったが、案内人はポルトガル人だそうで、聞き取りにくいスコットランド英語に悩まされずにすんだ。

ウイスキーというのは、大麦を発芽させ、それを熱で乾燥させて発芽を止め、粉砕した上で水と混ぜてどろどろの麦汁をつくり、酵母を加えて醸造しアルコールを発生させ、それをポットスチルという釜で蒸留してアルコール度数を上げ、火の酒にしてからあらためて加水して薄める。さらに樽に詰めて寝かせてから商品となる。ワインと違って、瓶詰めしてから寝かせるのではない。瓶に詰めた後に品質が良くなることはない。その工程は基本的にどこでも同じである。

スコッチ・ウイスキーを名乗るには、この工程がすべてスコットランドで行われ、水とカラメル色の色素以外を加えてはならず、スコットランドにおいて樽で熟成させなければならないし、樽はオーク材と決まっているうえ、七〇〇リット

ストラスアイラ蒸留所。シーバス・リーガルの原酒をつくる

ル以上の樽を使ってはならない等々、細かく法律で定められている。

　それでどうやって、各々のウイスキーの個性を出すのかといえば、そこは秘伝、秘策があって教えてはくれない。ただ、蒸留するところまでで個性が出るとすれば、麦芽を乾燥させて芽がそれ以上伸びないようにするときに、何を燃料にして熱したかである。よく知られているのは、ピートを燃料にした場合で、これは独特のピート香がウイスキーに残って、ちょっとひりひりするような、あるいはヨード臭さ

グレン・ギリー蒸留所のポットスチル（蒸留釜）

というような風味になる。ピートによる薫香がのこるからなのだが、スコッチ・ウイスキーがすべてピートで焚くわけではないので、当然、使っていなければピート香はない。私が訪れたハイランドやスペイサイドのウイスキーは、ピートを使っていないものが多い。

　次に、風味の決め手になるのは樽である。樽はオーク材（樫とか楢とか）だが、ウイスキーを溜める前に、何に使ったかで風味が異なる。アメリカのバーボン・ウイスキーの樽として使ったものが多いが、シェリーの樽として使ったのもある。その残り香がウイスキーに移るからである。聞いたところによると、バーボンはアメリカのウイスキーだが、一回しか同じ樽に溜めてはいけないのだそうで、大量に余る樽をスコットランドに持ち込んだのが始まりとのこと。

シェリーは、スペインの酒だが、英国で大量に飲まれていたため、これも樽が安く手に入るということで利用したのが始まりらしい。

いずれにせよ、最初は熟成などさせずに蒸留したばかりの火のような酒を飲んでいたのだが、樽に入れて貯蔵すると美味くなっていたことを発見して、現在の熟成方法になったという。倹約を旨とするスコットランド人らしいエピソードだが、要するに、寒冷なことこのうえないスコットランドで少しでも美味い酒で身体の中から温まりたいという熱意が生み出したのだろう。

蒸留所では、工程を説明してくれて、マッシュタン（どろどろの麦汁を発酵させる桶）を見て、ポットスチルの巨大な銅の釜のまわりを一周して、樽を貯蔵する蔵（中には入れてくれない）を外からちらりと見て、試飲会場に案内される。ストラスアイラでは、原酒の一二年を飲ませてくれるが、同時に、親会社のシーバス社のシーバス・リーガルの製品も味わうことができる。

シーバス・リーガルの方は、ブレンディッド・ウイスキーである。ストラスアイラのシングル・モルトに、グレーン・ウイスキーというトウモロコシなどからつくったのを混ぜてつくるのだが、これが不思議なことに、グレーンは単独では不味い（飲んだことはないが、皆、そう言う）のに、モルト・ウイスキー

グレン・ギリー蒸留所で試飲

と混ぜると、まったく別の個性を引き出すらしい。どう混ぜるかは、ブレンダーの五感にかかっていて、マスター・ブレンダーというのは、その製品の風味を知り尽くした上で、毎年、出来の違うウイスキーを手品のように混ぜるのである。

ストラスアイラ蒸留所に限らず、結局、四か所の蒸留所を訪ねたのだが、どこも見学ルートは同じだった。一見《いちげん》さんの訪問者に、自社の味わいの素をそうそう明かすわけもない。この種の見学はせいぜい一〇ポンドぐらい（約二〇〇〇円）だが、三〇〜五〇ポンドの予約ツアーというのもある。だが、結局は試飲できるウイスキーの種類が増えるだけで、秘伝の製法を明かしてくれるわけではない。

アバディーンに着いたら、さあ、スペイサイドとハイランドのウイスキーの聖地をめぐろうと勢い込んで妻とでかけたものの、実のところ途中で飽きてしまった。

このあたりだけで八〇にものぼる蒸留所があるのだから、いくつか飲み比べもしてみたい。それなら、酒屋で買ってきて家で飲んでも同じことである。アバディーンの親切な酒屋でいろいろ質問攻めにして買ってきたボトルを、ふむふむと頷きながら、次々と空けていった。

といっても、一か月半でそんなに飲めるわけがない。あとは少しずつバーで飲もうということになった。ところが、バーを探して気づいたのだが、街中にいくらでもあるパブではウイスキーを飲む人が少ない。総じてビールかワインである。ウイスキーは、あったとしてもごくポピュラーなものばかりだった。スコットランドの他の都市で詳細に調べたわけではないから断言はしないが、ウイスキーは外貨を稼ぐための資源と化したようだ。

家の近くに一軒、ものすごいウイスキーのコレクションを持つバーがあることを食事に行ったレストランの主人に教えてもらった。店の前は何度も通っていたのだが、The Grillという屋号からしてステーキの店だと思い込んでいて入らなかった。おまけにアバディーンの飲み屋は、前に書いたとおり外からは中が窺えないつくりになっていることが多いので、なんとなく入りにくい。

勇気を出して古ぼけた店の扉を開けると、中は、常連客でいっぱい。カウンターの前はビール片手に談笑する人たちで溢れている。カウンターにたどり着いて壁面いっぱいに並んだウイスキーのボトルに圧倒されつつ思案していると、中のおばちゃんが、ドサッとウイスキー・ブックを渡してくれる。

ウイスキー・バー「ザ・グリル」

何十ページにもわたって、ウイスキーの名前やら何年熟成させたのかを示すデータが並んでいる。そこから、飲んだことのなさそうなの、日本で見かけないのを選んで注文すると、チューリップのようなグラスにストレートで出してくれる。水を頼むと、水道の水を注いだコップにスポイトを挿してくれる。

ウイスキーはスポイトで水を一滴、一滴加えながら飲む

アバディーンの水道の水は美味しい。世界には水道水の美味いところもある。これだけのウイスキーの銘品を産み出すのである。水がまずかろうはずがない。何の臭みもないから、わざわざミネラルウォーターを使うまでもなく酒の味を邪魔しない。このスポイト、昔、美術の時間に水彩画を習うときに使った安っぽいのとまったく同じ。

まずストレートで味わい、次に、スポイトで水を一滴、一滴たらして飲めと言う。花が開くように、味も香りもふくらむのである。日本のバーでは、好みを言えばそのようにつくってくれるが、ここでは、自分でつくれということである。なにしろ、カウンターの前は次々ビールを注文する客でごったがえしているから、バーテンダーが静かにお酒をつくる風情など期待しようがない。

注文すると、ハイッと渡されて、現金をそこで払って立って飲むか、隅のソファに腰掛けて飲むか、である。それにしても、この地域のモルト・ウイスキーだけでも八〇もあるし、スコットランドには他にもローランド、アイラ島、キャンベルタウン、スカイ島とウイスキーを産する地域があるから、到底、すべてを味わうことなどできない。チビチビと舐めるように飲んでいたが、そのうち、もういいやという気分になってしまった。

しかし、アバディーンから近郊の町にでかけるのは楽しかった。アバディーンから西に向かって、王室の夏の居城になるバルモラル城にでかけるのも良し、北に向かってバンフやエルギンに向かうも良し。なにより、景観の美しさが良い。五月から六月にかけて、気温は一〇度前後の日が続くのだが、花は健気《けなげ》に咲き、木々もぐんぐん緑を濃くしていく。一面、菜の花が咲いている畑がいくつもあるが、これはただで育つうえに油を採れるから、簡便な農家の現金収入だそうである。

結局、蒸留所めぐりは、最初のストラスアイラ、グレンフィディック、グレンギリーがアバディーンの周辺。もう一つは、遠出をしてスカイ島にでかけたときに訪れたタリスカの蒸留所である。ここは、それこそ世界中から人が集まってきて、ぐるりと回るだけのツアーでも予約が要る。観光地化されているから、あまり気分をそそられる場所ではなかった。タリスカだけは、地元スカイ島のピートを麦芽の乾燥に使っているそうで、強いピート香を持つ酒である。

ピート香の強いウイスキーは、アイラ島に多い。日本でも名前の知られているボウモアに嵐（テンペスト）というのがある。一〇年ものなのだが、熟成年数が長ければ良いというものでないことを主張する酒である。文字どおり、北海の湿った冷たい風のような塩気と暗い大地に堆積したピートの香りが鼻と喉を刺激する。穏やかな気分になり

スカイ島、ピートの切り出し

スカイ島

たいときには合わないが、なにか挑戦的な仕事でもしようというときにはいいかもしれない。

　日本の、いや世界のコマーシャリズムに乗って、いざモルト・ウイスキーの聖地へと勇んで蒸留所を訪れても、そこでは淡々と、蒸し、発酵、蒸留、樽詰め、熟成が繰り返し行われているだけである。若い人、年配の人、アバディーンにいるあいだに、何人かのウイスキー好きと話をしたが、結論は同じ。スコッチ・ウイスキーは、ひどくスノビッシュな飲み物になってしまったが、要は、自分の気に入ったのを、気に入った飲み方で飲めばいいじゃないかということだった。

スコットランドは美味しい

イギリスは不味いか美味いかについて、私には何も語ることができない。わずかな経験では、相当に高い金を払えば美味しいし、安くて美味いものを探そうとしても難しいとしか言えない。

若かったころの記憶としては、不味いという印象が強いが、食事に投資せずせっせと本屋に通っていたから、そもそも食について語りようがない。それでも、不味いと思い込んでいるイギリス飯を避けようと、ソーホーの中華街にでかけては粥だの青菜のゆがいたのだのを食べるか、インド出身の人がやっている食料品店でサモサを電子レンジで温めてもらうか、あるいは斜めについている階段をよじ登って狭いB&Bの部屋でカレーの缶詰をラーメンポット（当時そういうものがあって飯も炊けた）で温めるかして、食べていた。

十数年前のことであったが、それでも、一度、友人と気分転換にテムズ川でも眺めながら昼飯を食おうということになってでかけた。よせばいいのにバサバサのハンバーガーを注文してしまい、それをビールで流し込んでいると、目の前では警察のボートが集まって、前夜乱痴気騒ぎの果てに川に落ちた人の遺体を引き上げていた。こういうことの連続だったから、若いこ

ネアンのレストランにて。
フィッシュ・アンド・チップス

ろの「イギリス」については、美味いものを食べた記憶がない。

今回、スコットランドに一か月半も滞在したのだが、大半は自炊していた。外食について言えば、かのフィッシュ・アンド・チップスが意外なほど美味いということを知った。衣は、べちゃべちゃせずパリッとしている。魚は、店によってタラの系統を使うところもあればオヒョウ（ハリバット）を使うところもあるが、大味だと思っていたオヒョウが、臭みもなく、上品な白身でハッとさせられることが何度もあった。なにより、しばらく食べないでいると、食べたくなるのだった。

家のごく近所に、グローブ・インという宿とパブを兼ねた店があって、なにしろ、前にも書いたとおり外からは中の様子が窺えないうえに、思い切ってドアを開けると中は常連客でごったがえしているので気後れしてしまうのだが、働いている男性も女性も、ことのほか親切で、にこやかに注文をとりにくる。「オヒョウ」を頼むと「一人前じゃ大きすぎるでしょ、小さいのにしておくね」と、腕といい足といい天晴れなくらい美しいタトゥーで飾った女性が微笑むのである。運ばれてきて「さあどうぞ」と再び微笑むのだが、それは皿からはみ出ている。

この店のは衣をビールで溶いているとのことで、なんとなくほろ苦いのだが、湯気の立つ白身と一緒に頬張ると、長年にわたる英国食への自分の無知を恥じ入る。チップス＝ジャガイモの揚げたのも、どっしりした切り身のイモをカリッと揚げてある。ソースはテーブルに小分けのパックがどっさり置いてあって、マヨネーズ、ケチャップ、ヴィネガー、マスタード、それに塩と胡椒があるから好きに味付けすればよい。かつて、ロンドンで食べたときには、タラの衣はべちゃべちゃで包んでくれる新聞紙に油が染み出し、おまけにわからないままにヴィネガーをふりかけてあるものだから、むせてしまい、食べられたものではなかった。

スコットランドだから美味いのか、それとも、この二〇年あまりのあいだに、英国の偉大な発明であるフィッシュ・アンド・チップスが進化したのか。だが、いくつもの店で食べ比べてみた結果、美味い店は美味いが、不味い店は不味いということに尽きる。

もう一つ、でかける前に、散々聞かされたのが「ハギス」という途方もなく不味いものがスコットランドにはあるという話であった。ハギスは、羊の胃袋に羊の臓物を細かくしてオート（燕麦、オート・ミールのオート）などと一緒に詰めたものだが、何回かレストランで試したのは外側の胃袋は省略されていて、中身をマッシュドポテトなどと一緒に供される。数回しか食べていないから断定はしないが、別に臭くも不味くもなかった。そもそも、オートと混ぜてしまうと、もそもそした食感になるので、臓物感がなくなっている。一つ、これはいける、と思ったのはグレンフィディック蒸留所に併設されているレストランで食べたハギスだった。珍しいことではないが、ウイスキーで風味付けされていて、モツがウイスキーとこんなに親和性があるのかと感心した。

せっかくだから、いくつか種類の異なるグレンフィディックをストレートで頼んで、ハギスを食べたが、ウイスキーを食中酒にできる料理として傑出している。モツの汁や脂をウイスキーが流してしまうからだろう。グレンフィディックは優しくてまろやかだから、もう少し、アルコールがツンツンする硬派のものでも良さそうだ。これ以外では、生牡蠣にピート香の強いウイスキーを合わせるのが好きである。

もっぱらアバディーンの家では自炊をしていたのだが、北海に面しているので魚屋ならいくらでもあるだろうとたかを括っていたら、そうはいかなかった。魚屋は港の近くと街中に一軒ずつ、ちゃんと新鮮なのを売っているところを見つけたが、いかんせん、魚種が限られている。タラの仲間の種類は豊富なのだが、タラを除くとオヒョウ、サーモン、サバ、スズキ、マグロ、それにオマール海老とカニ（甲羅の硬い石蟹）しかない。スズキはトルコからの養殖ものの輸入、マグロも東南アジアからの輸入だから買わなかった。カニは、パリに続けてずいぶん食べた。これは文句なしに美味い。自分で茹でて身を取り出すのが面倒なので、茹でた身を取り出して甲羅に詰めたものを四ポンドぐらいで売っていたからそれを買った。サーモンも、当然のことながらノルウェーとは一衣帯水であるから養殖とはいえ美味い。焼いてよし、シチューにしてよし。刺身にすると言ったら、新鮮なのが入る日を教えてくれたから、脂の乗ったノルウェーサーモンの刺身やサーモン丼を堪能した。

アバディーンの市場にて。ノルウェーサーモンの輪切り

借りていた家に、どういうわけだか炊飯器があったのは大いに助かった。私は、外国に長いこと暮らしても、どうしてだか日本の出汁《だし》の味が恋しくなることはない。妻も米の飯は食べたいと言うのだが、出汁の味には惹かれないと言う。今回は、半年も各地を転々とするので、鰹節や昆布を買おうかと出発前に妻と相談したのだが、結局、そんなことをし始めると、和食の食材のあれもこれもと買ってしまうからやめた。持ってきたのは醤油、チューブのわさびと柚子胡椒、和芥子、それにうどんつゆの素とうどん、カレールーである。うどんとカレーは最後のトルコで食べようと思って持ってきた。

旅行中に、サバというのはじつに優れた食べものであると実感した。燻製にしてあるものをどこでも売っていて、これを温めて、ほぐしてご飯に乗せてわさびを添えて食べると即席の日本食もどきになる。スコットランドのものは切り身で売られている。せいぜい四ポンドである。英国ポンドがひどく高いので外食するとすぐに一人五〇〇〇円に達してしまうから、サバの燻製はずいぶん重宝した。

それより、アジア食材のスーパーがあったので、そこで中華系やタイ系の料理の味付けに必要なペーストやら豆板醬《トウバンジャン》やらを買って、現地で売っている食材を工夫して食べる方が、はるかに楽しかった。中華食材を中心に売っているマーケットはパリでもベルリンでも、そしてアバディーンでも生活を豊かにしてくれた。餃子、豆腐、キムチ、筍の水煮、チンゲン菜に空芯菜などどこでも売っているし、アバディーンにはモヤシもスーパーで売っていた。グローバリゼーションの恩恵である。

人の味覚への敬意

東アジアでは、お互いに牽制し、ナショナリズムを主張し合っているが、アジア食材のスーパー（中国か韓国出身者の経営）には、中国、韓国はもちろんのこと、日本食も、タイ食も、インド食も売っている。意固地にナショナリズムを主張すれば客が減るだけのことである。だがレストランの方は、こちらは一定のナショナリズムを主張してくれないと困る。どこの何だか不明な食べ物が供されるからである。英国、それもだいぶ北のアバディーンともなると、中国料理店に「すし」があったり、インド料理店は何を食べても同じ味になっていたりする。そういえば、パリの韓国料理店にも焼き鳥丼や刺身定食があったのを思い出した。

秀逸だったのは、スコットランドの大都市、グラスゴーの中国料理店だった。昼食の時間を少し外して訪ねたのだが満席で入れない。一五分たってから来いと言うので周囲をぶらついて戻ってくると、さっきよりも待つ人の列が長くなっている。給仕長が顔を覚えてくれていたおかげで通してくれたのだが、すさまじいほどの熱気である。大半が何世代もの家族連れで、別に祭日や休日ではないのだが、みなで昼から大宴会である。こういう光景に接すると、ばかなもので、つい、たくさん注文してしまう。

パリ以来、本格的な中国料理を食べていなかったこともあって、揚げワンタンだの大根もちだのを盛り合わせた前菜、豚肉の冷製ゼリー寄せ、揚げ豆腐に辛いソース、それに初めていく中国料理店ではなぜか必ず頼んでしまう鶏の足の豆鼓《トウチ》蒸し。食べ終わるころになって、ようやく客も少なくなったので給仕長に、客の中国人はみなグラスゴーの人かと尋ねた。グラスゴーで働く中国系の移民たち向けに、一九七〇年代のはじめに開いた店だった。今では移民たちも子どもから孫の代になったと言う。三世代の大宴会は、毎日のように、おじいちゃん、おばあちゃん、子どもたち、孫たちで繰り返されるのだそうで、初代の客が覚えている味を守らねばならないと言う。美味かったかといえば、ところどころに輝きを残しつつ、残照もあり、それでも、これは故郷の味だと主張するところが十二分にあった。

グラスゴーの中国料理店。豆腐の揚げ物、甘辛ソースがけ

何世代にもわたって、故郷の味と寸分たがわぬものを維持することはできない。日本の洋食だって、フランス人が味わったら、これは違うなと思うだろう。だが、土地の食材になじみ、日本人が自らの味覚に合わせていったことを否定的にみても仕方ない。いったいいくつあるのかと思うくらい多くのメニューを記した分厚い菜譜に、店と客との四五年の歳月があると思う

日本でも知られるWalkersのクッキー（ショートブレッド）は、アバディーン郊外の村でつくっている

と、自ずと敬意が湧く。

結局、故郷のナショナリズムを発揮してほしいというのは無理な願いであることに気づかされた。アバディーンでもロンドンでも、ベルリンでもトルコ料理のドネルケバブを食べた。薄切り肉を重ねに重ねて巨大な塊にして串に刺し周囲を炙りながら薄く切って出す料理である。満遍なく炙るために肉塊をまわす。まわすことをトルコ語でドネルという。これは二〇年以上もトルコで食べ続けてきたから、どういう味で、どういう付け合せとともに出すのがトルコ流かはよく知っている。どういうものが美味いドネルか不味いドネルかも知っている。

残念だが、本国のものを基準にすると、ヨーロッパ諸国のドネルは別物である。肉の部分は同じなのだが、パンに挟むにしても、そこにレタスやトマトを一緒に突っ込んでケチャップやマヨネーズ系のソースをふんだんにまぶしてしまう。

本国では、レタスのように水気の多い野菜と一緒にパンで圧縮することはほとんどない。添える野菜は、当たると悲鳴を上げそうになる緑の唐辛子やトマトだが、それは付け合わせであって、ドネルケバブと一体化させることはない。だがこれも、半世紀にわたってドイツや英国に暮らしてきたトルコ系の移民の知恵である。英国人やドイツ人の舌にも合わせなければ商売にならない。ヨーロッパで現地のトルコ人にご馳走してもらうとき、私は、無理をしてでも完食し、笑顔で美味しかったと伝える。これも、異文化の中で、故郷の味と信じてトルコ料理を食べてきた人たちへの敬意である。

アバディーンのケバブ屋さんと話したときのこと。私がトルコ語を話すと言うと、手放しの喜びようで、奥にいた奥方を呼び出して、出会ったばかりの私を紹介している。ちょうど学校のお昼時で、中学生ぐらいの子どもたちがわらわらと店にやってきては、ハンバーガーやチップスを注文している。昼食代は市が補助しているらしく、子どもたちはせいぜい一、二ポンドほど払っている。私は、ドネルケバブを頼んだのだが、案の定、レタスの山盛りにマヨネーズなどのソースをまぶしてある。子どもたちは、あまり行儀が良くない。店のドアを開け放したまま列をつくるものだから、雨模様のアバディーンでは寒くて仕方がない。子どもたちの波が去ると、店主が熱い紅茶を入れてくれた。店主は、子どもたちの群れが好きではないらしい。

「商売だから仕方ないが、あの子たち、落としたチップスを平気で踏んづけて、そのまま行ってしまう。なんと言うか、食べ物に敬意がないんだ。トルコでそんなことをしたら叱られるだろ」。そういうところに、いまだに違和感があると言う。故郷の味をスコットランドに伝えようとしてきたが、生活のためにはハンバーグやチップスを売らなければならない。「もう、疲れたよ」とポツリと言う。ふらっとやってきたお客さんとトルコ語で話すなんて何年ぶりだろうか。彼は、故郷のイズミールの話をし続けた。そう言われては残すわけにもいかず、妻と二人で、ぼそぼそしたパンの上の野菜とケバブを食べきった。

代金を払おうとすると、「俺のおごりだ」と言う。それはいかんだろうと払おうとしたが、夫婦で、今日は故郷を思い出させてくれる日本人が来てくれたのだから金は取らないときっぱり申し渡される。旅先で母国の味を試して不味いと文句を言う人は少なくない。だが、彼と話していて、美味い、不味いを言うよりも、異郷で生きていく人びとがつくる料理には、その人の人生が込められていることに思いを致したいと思った。

同じことはスコットランドや英国の食にも言える。一つだけ、典型的な例を挙げる。朝食である。スコットランドではスコティッシュ・ブレックファストというし、イングランドではイングリッシュ・ブレックファストだが、私には美味しいと思えない。パンには味がなく、ベーコンは塩辛く、ソーセージはもそもそしていて不味い。穀類を煮たポリッジという粥、意味がわからないのが豆の煮物ベイクド・ビーンズ。インゲン豆を煮てトマト味に薄甘いのが、どうも私は苦手である。

そもそも煮豆なのにベイクド・ビーンズという。もとはオーブンで蒸し焼きにしていたらしいが、今はどう見ても煮豆である。これが卵料理と一緒に出てくる。あとは血のソーセージのブラック・プディング。朝から食べるものとも思えない。スコティッシュの方はスモークサーモン添えだったり、キッパー（ニシン）の燻製だったりハギス添えだったりする。どちらも量は多いし、なんで朝からこんなものを食べるんだと、正直に言えばそういう印象を持つ。

ところが、いろいろ話を聞いたり読んだりしていると、頷くべき点があることがわかる。ブレック・ファストのファストは断食が原義だから文字どおりには「断食明け」の食事になるわけで、そういう趣旨であれば、豪華な食事にしたかったのかもしれない。実際、英国の夕食は、わざわざ外食で食べようという場合を除いて質素なことが多い。ベイクド・ビーンズは英国の創造ではなく、アメリカのハインツの煮豆の缶詰が高級品であったころに輸入されたらしい。高級感溢れる食材だったのだろうか。英国とアメリカというと、どうも諸々の元祖は英国にあって、アメリカがそれを輸入したと私たちは考えがちだが、このベイクド・ビーンズもそうだが、ものによってはアメリカから入っている。ウイスキーの話のところで書いたが、スコッチ・ウイスキーの樽の多くはアメリカのバーボン・ウイスキーの樽を輸入して使いまわしている。

ソーセージが不味いと感じるのは、燕麦などを混ぜているからである。噛むとプチッと皮がはじけて中から肉汁がほとばしるのを喜ぶのは、ドイツのように肉以外の混ぜ物を禁じてきた地域のソーセージに私たちが馴染んでいるからにすぎない。ベーコンは長く寒い冬にたんぱく質を絶やさないための工夫で豚肉を加工した保存食であったから塩気がきつい。ブラック・プディングも、栄養を摂るために家畜を余すところなく使う伝統が一つの食文化に昇華したものと思えば納得できる。

スコティッシュ・ブレックファスト。フルバージョン。ハギス付き（ソーセージの右）

やはりその土地の条件や歴史の中で育まれたものであって、自分には不味いと感じても、それをあげつらうべきではないように思う。海藻類を食べない文化圏の人びとにとっては、日本料理の出汁は海藻臭くて苦手だという人も少なくないのと同じである。

ベルリン、カイザー・ヴィルヘルム教会

「ベルリンの壁」崩壊の後で

ベルリンは一週間ほどの滞在だった。移民問題の研究を通じて知り合ったトルコ系のドイツ市民と再会するためである。ここでもホテルには泊まらずアパートを借りた。場所は、旧西ベルリンの繁華街、クーダムの近くで、西ベルリンに昔からあるデパート、ＫａＤｅＷｅまで数分のところ。ベルリンには何度も来たが、やはり、最初に逗留した安宿の近くになじみがある。

初めてベルリンに来たときは、まだ「壁」があった。ちょうど崩壊する寸前の八九年で市民が壁をハンマーで叩いたり、削ったりしていた。まだ、東西ベルリンを隔てる検問所は残っていて、チェックポイント・チャーリーから向こう側（旧東ベルリン）に入ると、まったく空気の異なる世界があった。

色がない。喧噪がない。匂いもない。検問所を通ると、フリードリッヒ通りを否応なくまっすぐ歩いて、今はウェスティン・グランド・ホテルになっているが、当時はインターホテルという名の、そこのカフェでお茶を飲んでサンドイッチを食べた。ひどくパサパサのパンで、美味くもなんともなかった。さらに歩くと、ウンターデンリンデンの通りにぶつかる。そこから左に進んでブランデンブルク門を見に行くか、右に進んで帝政時代の建物をみながら、博物館の島でペルガモン博物館に行くか、そんなところだった。

壁が崩れる前と後、さらにはソ連が崩壊してロシアに変わるとき、何度もこのあたりを訪れた。強烈な印象を持っているのが、旧ソ連大使館。現在もロシア大使館として一等地に立派な建物を構えている。庭にはレーニンの胸像があった。それが、いつしか箱で覆われてみえないようにされ、後に撤去されてしまった。今は芝生が残るのみ。手前のアエロフロート（旧ソ連、現在はロシアの航空会社）のオフィスだけは、今となっては懐かしさを感じる、金属とガラスだけでできているような、無機質で、何の面白みもない建物のまま残っている。こういう社会主義時代の建物はだんだん減ってきているから、眺めてみるのは今のうちかもしれない。

壁が崩れ始めたときのことで、今も覚えているのは、西ベルリン側に殺到した東ベルリン市民がみな、くすんだ灰色に紫色がまざったような色の防寒用のジャケットを着て、手にはなぜかバナナの包みをぶらさげていたことである。このモノトーンとバナナの黄色が目に焼きついている。西ベルリン市民の再統一への歓喜と、同胞へのシンパシーはいたるところに溢れていた。

冬になると、グリュー・ヴァインといって赤ワインにシナモンやら何やらを混ぜて温めたものを飲む。その屋台は「東の同胞は特別に一マルク」と看板を掲げ、ポルノ映画館には、値段は忘れたが、「東の同胞は特別料金で鑑賞できます」と張り紙をしてあった。しばらくすると、東独の国民車トラバントが、その愛嬌のある顔つきに比してとんでもなく汚れた排気ガスを撒き散らしながら、西ベルリンを、パタパタという軽快な音とともに走り回るようになった。

世界は冷戦の終焉を象徴するベルリンの「壁」崩壊に熱狂した。西ベルリン市民は、ベルリンが名実ともにドイツの首都となることに誇りを抱く一方、破綻した東ドイツを引き取ることの重荷がベルリンにのしかかるのしかかるであろうことにも、すぐに気づいた。そんな中で、じっと息を潜めるように暮らしていたのが、トルコをはじめ各国からの移民たちだった。当時、トルコ系の移民と話をすると、我がことのように喜びを口にしつつ、少したつと、不安をにじませて押し黙る人たちがいた。

もともと、景気の調節弁のような役割を負わされてきた移民労働者にとって、東西ドイツの再統一は、東から職を失った人たちが押し寄せることで自分たちが弾き出されるのではないかという不安をもたらした。この不安は、当たったところと当たらなかったところがある。

残された「ベルリンの壁」

ベルリンという都市は、旧東ドイツの真ん中にあった。西ベルリンは、いわば西ドイツの飛び地として、ぽつんと浮かんでいたわけである。周りを社会主義の東ドイツに囲まれてしまったことで、西ベルリン市民は孤立した。だからこそ、ベルリンの「壁」が建設された後、ケネディ大統領がベルリンに飛んでいって、ドイツ語で「私はベルリン市民だ（Ich bin ein Berliner）」と連帯を示したのである。ちなみに、この場合はeinは余計で、自分がベルリン市民だというときには要らない。

ふつうに考えれば、西ドイツが、経営破綻した東ドイツを吸収合併したようなものであるから、東ドイツにあった西ベルリンには人が殺到しても不思議はなかった。だが、実際には東の人たちは住む場所について保守的であったのか、繁栄を謳歌する西ベルリンに移ることを潔しとしなかったのか、殺到するようなことはなかった。その意味では、東ドイツの市民によってトルコ系移民たちが職を奪われることもなかった。その一方で、西ベルリンにあった工場は、安い土地と労働力に惹かれて、旧東ドイツ側に移転した。そのことで職を失った移民労働者は少なからずいたのである。

トルコ系移民の暮らしの中心は、旧西ベルリンの東の端、旧東ベルリンと接するあたりにあった。地区の名前で言うと、クロイツベルク、ノイケルン、ヴェディンクである。なかでもクロイツベルクあたりは、リトル・イスタンブールと呼ばれたくらいで、かつてはトルコ語さえ知っていれば生活には何の不自由もなかった。

地下鉄Uバーンで旧西ベルリンの繁華街、クーダム（クアフュルステンダムという大通りを縮めてクーダムという）あたりから一五分ほどでコトブサ・トアという駅につく。駅前にはクルド人たちの露天の八百屋が立ち、周囲は公共住宅がぐるりと囲んでいて、家という家、みな同じ方向を向いた衛星放送のアンテナが並んでいる。みな、トルコの放送を視聴するためである。

ここには、トルコ人だけでなくクルド人も多かった。トルコからの分離独立を主張して激しく衝突してきたクルディスタン労働者党（ＰＫＫ）のメンバーもいて、しばしばデモで気勢を上げていた。ここに住んでいるドイツ人といえば、かなり困窮している人が多く、朝からコトブサ・トアの駅前でビールを飲んで喧嘩をしている姿をずいぶんみかけた。一九九〇年代半ばまでのクロイツベルクには、衰退、鬱屈、怒り、悲しみが満ちていた。

移民たちが住んでいたのは、ひどく老朽化した住宅だった。クロイツベルクには、ロの字型のアパートがたくさんある。一階部分は、昔、工場として使われていて上階が住居になっていたのだが、二室ぐらいの小さなアパートでトイレは階段の踊り場などに共用のものがあるだけで、室内には風呂もなく暖房も通っていないところも多かった。そういう建物の中庭に入ってみると、上の階の窓から子どもや女性がよく顔をのぞかせていた。今から二〇年ほど前のことだから、女性たちの中には、なかなか外に出ようとしない人もいた。トルコ語さえできれば、移民街の中では不自由しないのだが、そこを離れて歩くには、まだ抵抗があった時代である。

今回、およそ一〇年ぶりに訪れてみて、クロイツベルクがずいぶん明るくなっていることに気づいた。公共住宅などの建物は以前のままだが、若いドイツ人たちの姿が増えている。自然志向のカフェや先鋭的なファッションの店もあって、移民の街から多文化が共存する街へと変わりつつあるようだ。短い滞在で、そこまで断言はできないが、かつての暗さがやわらいだ印象をもった。再統一のころにも、アーティストたちが住み着いていて、当時は、アナーキーな雰囲気を売りにしているようなところがあったが、今は落ち着いている。＊

しかし、いろいろ話を聞いてみると、きれいになったのは確かだが、そこには地価の高騰に

移民街のクロイツベルク

よる住民の変化があった。東西を隔てた「壁」が消失したことで、この地区は西ベルリンの端から統一ベルリンの真ん中になってしまった。かつてトイレも風呂もなかった住宅はリフォームされ、家賃が上がり、そこにしか住めなかった移民たちは押し出されていった。一時は、地区の小学校からドイツ人の子どもが消えてしまったのだが、今は少しずつ戻ってきている。

あちこちにあったトルコ人向けの食料品店もだいぶ少なくなったし、ケバブ屋も減った。トルコ料理屋、とくにこのケバブ屋の減少というのはおもしろい。かつては移民相手の商売としてトルコで有名なドネル・ケバブ屋を始めるのが、とにかく自営業のスタートだった。このドネルは、肉の塊を炙るために火の前で「回す」ことから名づけられた。回すことをトルコ語で「ドネル＝döner」と言うのである。ドイツ人は「デネア」と発音する。

クロイツベルクだけを見ると、ケバブ屋が減ったのだが、ベルリン全体で見ると、いたるところにドネルを売る店がある。顧客は生粋のドイツ人もいれば、他の国からの移民もいる。すでにドネル・ケバブもドイツ社会に知られているから、何も顧客を移民たちに限定する必要がなくなった。当然、競争もあるから、ドイツ人相手に商売をして成功しないと食べていけない。

コトブサ・トアから近くにあるトルコ料理屋は、今やベルリン市内にいくつも店舗を持ち、ホテルまで経営しているという。みなが成功したわけではない。だがそれでも、この二〇年で確実に移民たちの中に上昇していく層が生まれたのは確かである。

壁のなくなったベルリンは、冷戦の緊張もなくなって九〇年代、しまりのない都市になった。今のベルリンも、あいかわらず都市景観としては、ひどくまとまりがない。戦災によって古い建物がおおむね破壊された西ベルリンには、旧西ベルリン時代の建物が残る。新たに都市の顔として先端を行く建築群が誕生したのは、旧東ベルリン側のポツダム広場周辺である。社会主義時代のアルミサッシと窓ガラスでできたような建物も、まだ残っている。ウンターデンリンデンのあたりには帝政時代の、やたらと大きく権威主義的な石造りの建物が並ぶ。しまりはなくなったが、様式の異なる建物が混在しているところにベルリンという都市の近現代史が凝縮されていておもしろい。

移民街らしい移民街は、むしろノイケルンの方に移っている。そこには、トルコ人もいるけれど、パレスチナやシリアからのアラブ人も多く、むしろ、多様な出自を持つ移民や難民が集まっている。上昇に成功した人たちは、ベルリン市内のさまざまな地区に入っていったし、家賃の高騰に耐えられなかった人たちは、東ベルリンを越えて、ブランデンブルク州の方に家や仕事を求めたのである。

＊その後、二〇一五年末にかけて、シリア難民がドイツに殺到したため、クロイツベルクにはシリア人が急増したという。

排外感情に抗う移民たち

ベルリンに生きてきたトルコ人の、誰が成功して、誰が成功しなかったか。一人ひとりの人生であるから、簡単に成功と失敗を他人が評価することはできない。トルコ出身者の多くは経済的な上昇を夢見てやってきたし、クルド人の中にはトルコでの迫害や生きにくさから逃れるためにやってきた人もいる。トルコが厳しい世俗主義を採り、イスラムに従った政治を求めると迫害されたことからドイツに渡ったイスラム主義者もいる。

冷戦の初期に東ドイツに囲まれてしまった西ベルリンには、自由を守ろうとする空気が横溢していたから、クルド民族主義を掲げる人たちや、左翼運動に参加した人びと、それにイスラム指導者たちは母国を離れてから初めて自由の意味を知ることになった。

トルコからドイツに労働者がやってきたのは、冷戦が始まるころだった。ベルリンの「壁」がつくられた一九六一年は、ドイツがトルコとのあいだに雇用双務協定を結んで、組織的に労働者をリクルートし始めた年でもある。それから半世紀以上がたった。ドイツという国は、トルコ人をはじめとする外国からの労働者たちを、なかなかドイツ社会の一員とは認めなかった。

二〇〇〇年になってようやく法を改正したので、ドイツ生まれの世代にはドイツ国籍が認められるようになったし、二〇一四年からは二重国籍についても容認の方向に進んだ。

当初、彼らはガストアルバイター（Gastarbeiter）と呼ばれた。ガストはお客さんの意味でもあるが、ニュアンスとしては、テレビ番組などでレギュラーに対してゲストという、あの感じである。つまり、いつまでも居るとは想定されていなかった。世代が代わってもなお、ガストアルバイター呼ばわりされることに、トルコ人たちは傷ついていた。第一世代の人たちは、本人も、いつまでドイツに留まるかはっきりした見通しを持っていなかったが、第二世代以降は、ドイツが母国だから、この呼び名にはひどく違和感を抱いていた。

その後も外国人労働者（Ausländischearbeitnehmer）と呼ばれたり、共同構成市民（Mitbürger）と呼ばれたりしたが、ドイツ社会の対等なメンバーとはなかなか認められなかった。そればかりか、東西ドイツが再統一した一九九〇年代の初期には、難民収容所とならんでトルコ系移民への暴力が急増した。九二年には北ドイツのメルン、九三年には旧西ドイツのゾリンゲンでも移民の住む家が放火され死傷者を出す悲劇となった。何より、コール首相の中道保守政権（キリスト教民主同盟と自由民主党の連立）は、ドイツは移民国ではないと主張していたのである。

移民街の玄関クロイツベルクが駅前に広がるコトブサ・トアの駅

二〇〇一年九月一一日にアメリカで同時多発テロ事件が起きると、ドイツのトルコ系移民は新たな差別にさらされた。もともと、ドイツでは人種や民族に基づく差別は禁じられている。だから、トルコ人は出て行けというような排外主義的な発言はヘイト・クライムとして裁かれる。従来ネオ・ナチは、この点を声高に叫んで処罰されてきた。

宗教についても同じである。ムスリムを十把ひとからげにして罵るようなことは法で禁じられている。しかし、九・一一のテロ事件は、そこに格好の抜け道を用意したのである。スカーフを被っているだけで、長衣をまとっているだけで、罵られ唾を吐かれるという「小さな」事件が相次いだ。あからさまな暴力だけでなく、ムスリムはもういらない、これ以上ドイツにモスクを見たくない、ドイツはキリスト教の国なのだから。こう公言してはばからないドイツ人はあきらかに九・一一以降に増えた。

その傾向を象徴するのが、ティロ・ザラツィンによって書かれた『ドイツは消える』(*Deutschland schafft sich ab*) という本だった。二〇一〇年に出版されたこの本はドイツで大論争を巻き起こした。一言で言えば、ドイツに暮らすトルコ人をはじめとする移民たちがドイツ社会にいっこうに統合されない現状をふまえて、ドイツはいつか消えてしまうという危機感を表明したのである。

ユダヤ人には独特の遺伝子がある云々と書いたこともあって厳しい批判を受けたが、私は、結局のところ、ドイツ社会はこの種の「問題提起」を歓迎するだろうと見ていた。実際、賛否は拮抗していたし、ザラツィンの本が出版差し止めになることもなかった。ただし、彼はドイツ連邦銀行理事から外された。

過去にユダヤ人の身に起こしたことへの反省と謝罪を繰り返してきたドイツが、移民に対して、とりわけ、ムスリムであるトルコ系の移民に対しては抑制がきかなくなっている。九〇年代の移民や難民への襲撃事件では、当時のヴァイツゼッカー大統領が国民に対して悲痛な呼びかけをして、ネオ・ナチを生み出す土壌を根絶するよう訴えた。

ヴァイツゼッカーは一九八五年に、過去を直視しない者は現在にも盲目となる、という趣旨の演説をして、ドイツ市民に二度とナチスの暴虐、ユダヤ人に対する暴虐を繰り返さないよう説いた人物である。ドイツでの反差別というのは第二次大戦後、一貫して「民族」もしくは「人種」に対するものであった。国内の社会民主党や緑の党は民族差別には厳しく反対していた。

だが、ことが宗教の問題になり、ムスリムもドイツ社会の一員として多様性を認めるのか、イスラムの原則の中にドイツの理念とは一致しない部分があってもそれを許容するか、という話になると途端に否定的になる。だから、私はザラツィンの主張がドイツで批判を呼んだとしても、それは古い世代の「多様性志向」の範囲でしかないと感じていた。古い世代の社会民主党や緑の党の人びとは、単一民族国家としてのドイツという虚構を嫌っていたし、その意味で、移民を含めてドイツ社会が多様化することを肯定的に見ていたからである。

だが、それはイスラムの本質を知らず、ムスリムの本質を知らないという前提でのことである。覚醒をへたムスリムには、現実の社会の一部は神の手が及ばない世俗のものだという感覚はない。行住坐臥、すべてが神の道に適合していなければならないと信じる。ドイツでは、制度的にスカーフやヴェールを禁じてはいなかったが、ドイツで生まれ育ったのにスカーフを被ろうとする女性を見ると、なぜドイツ社会に統合されないのだと怒りの声を上げるのは、右派も左派も同じなのである。

とくに左派の場合、女性の人権を盾にとって、男性がスカーフを着用させていると決め付けてしまう傾向がある。彼らはフランスと同じように、スカーフを後進性の象徴とみなすのである。だが、それは彼女たちがなぜスカーフを被るのか、それがイスラムとどのような関係にあるのかを知らないことに由来している。ちなみに、先に触れたザラツィンは社会民主党員である。

トルコ人たちは、最初は遠い国からわざわざ大変な仕事をしに来てくれたと歓迎され、(西)ドイツの戦後復興を支えた。だが、一九七三年の第一次石油危機をきっかけに景気が後退していくと、ドイツ社会は彼らに冷たい視線を浴びせた。トルコ人たちは、いつ帰国するか、はっきりした見通しを持っていなかった。一九九〇年代の終わりまで、母国トルコが経済的に急発展を遂げるとは誰も思っていなかったので、居られる限りはドイツに居て強い通貨のドイツ・マルク(その後はユーロ)で外貨を稼ぎ続けた。

家族を呼び寄せることはできたから、ドイツ社会には、外国人労働者だけでなく、その家族が「移民社会」を形成していった。おそらく、ドイツ側がもっとも嫌ったのは、家族の定住だったのだろう。子どもたちの教育問題は、その後、現在にいたるまで厄介な問題としてとらえられてきた。

ドイツ連邦政府は、なかなか認めようとしなかった二重国籍についても一定の条件の下で認めたし、ドイツはドイツ人の国だという血統主義的な国民観も少しずつ改めた。だが、その一方で、逆行するかのように、イスラムに関しては敵意を向けるようになった。二〇〇九年には、ドイツのみならずヨーロッパ中のムスリムを震撼させる事件が起きた。ベルリンからも遠くない旧東ドイツのドレスデンで一人のムスリム女性が殺害されたのである。それも、法廷で。

マルワ・シェルビニというエジプト出身の女性は、研究者の夫とともにドイツで暮らしていた。近所に住むドイツ人から、スカーフを着用していることで執拗に罵声を浴びたので、彼女はこの男を訴えた。勇気ある行動だった。被告は有罪とされたが控訴した。その二審の法廷で、被告がマルワをナイフで十数回にわたって刺してお腹の赤ちゃんともども殺したのである。

事件は、イスラム・フォビア（反イスラム感情）によるヘイト・クライムだった。彼女の母国エジプトでは、「スカーフの殉教者」としてドイツに対する敵意がにわかに高まった。しかし、ドイツではもっぱら被告がなぜナイフを法廷に持ち込めたのかが議論され、この事件がかつてのユダヤ人虐殺と同根の問題をもつのではないかという論点は掻き消された。

当時、ドイツの報道を注意深く見ていたが、「異質な存在」と決め付けた相手を排除しようとしていたことが原因だという論陣を張ったドイツ人は、バルバラ・ヨンをはじめごくわずかだった。バルバラ・ヨンは二〇年以上にわたってベルリン市で外国人問題のオンブズパーソンをつとめた人で、本人は保守派のキリスト教民主同盟（CDU）の党員だった。キリスト教民主同盟は移民問題に対して冷淡な態度をとっていたが、彼女は党からの圧力に屈しなかった。

この事件の前、何度か彼女と会って話したことがある。彼女の主張は明快だった。「何の悪意もなく、ただスカーフやヴェールを着けているだけで罵声を浴び、唾を吐かれることがあっていいはずがない。これらのヘイト・クライムは、かつてドイツ人がユダヤ人の身に起こしたことと何も違わないではないか」。こういう人がいる限り、ともすれば排外感情に流されがちなドイツ社会にも、それに抗する力がきっとあるはずだ。そう信じたい。

しかし、最近のドイツ社会では、「ヨーロッパのイスラム化」を脅威とする人びとが増えている。やはり同じドレスデンで、PEGIDA（西欧のイスラム化に反対するヨーロッパの愛国者）という組織が結成されて、反イスラムのデモを繰り返している。彼らの主張は、ザラツィンが懸念として表明したドイツの消滅をさらに広げたものである。トルコ人であるがゆえに、モロッコ人であるがゆえに受けてきた差別は、今やイスラム教徒であるがゆえに、人種・民族差別の汚名を着せられることなく、堂々と主張できるようになったのである。

二〇一五年の八月、英国の統計局がロンドン市内で昨年生まれた赤ちゃんの名前でもっとも多かったのがムハンマドだったと発表した。白人のヨーロッパ市民の出生率低下に対して、ムスリム移民の出生率が相対的に高いことを端的に示している。いずれ、ヨーロッパのあちこちで、ヨーロッパのイスラム化を懸念し、ヨーロッパをムスリムに乗っ取られるという脅威を声高に叫ぶ人たちが増殖することは容易に想像できる。

イスマイルとの出会い

ベルリンには移民問題の研究を通じて知り合った友人が何人もいる。研究者ではない。ドイツの大学で、この問題を研究している学者ならいくらでもいるが、各々、自分の専門とするディシプリン（社会学とか教育学とか）の枠組みでしかものごとを見ようとしない。大学という組織の中の研究者としては当然なのだが、私は、その態度が好きではない。移民たちが直面する問題は、学者のためにあるわけではないし、ディシプリンのためにあるわけでもないからである。

むろん、何度かドイツの学者とも議論はしたが、自分の専門分野から見えることだけを切り取る研究姿勢にうんざりすることが多く、研究者としての交流はやめてしまった。直接、移民たちと話をし、その中から彼らが何を問題と感じているのかをつかみとり、そこから何が見えてくるのかをつかみとる作業が自分の研究の基盤となった。

そうして出会った移民たちを、私は研究上のインフォーマントとは思っていない。友人としてその後もつきあっている。その一人がイスマイルである。彼の父は一九七〇年代にベルリンに労働者として来た。イスマイル自身は小学校五年生だった。それからドイツの学校に入るのは途方もなく難しい。ドイツの教育制度は州によって違う。

ベルリンでは当時五年生になるとオリエンテーション・クラスとなる。その先の進路を判断するためのコースで、その先がハウプト・シューレ、レアル・シューレ、ギムナジウムにわかれていた。ギムナジウムはもともと大学進学を想定したエリート校。レアル・シューレは、その次に位置する学校。ハウプト・シューレは訳すなら基幹学校ということだが、もっとも低いレベルの中等教育で職業訓練を重視していた。

彼は自分の運命を呪った。小学校の五年次で、まったく予備知識のないドイツ語の学校に入ることになったのだから、ついていくのも大変なことだった。オリエンテーション・クラスに進む前に、もう一年、五年生をやり直したと言う。先生の話をテープに録音して、自宅で勉強したと話してくれたが、文法の構造がまったく異なるトルコ語を母語にしている人にとってドイツ語は難しい。

トルコ語は日本語と同じ造りになっているから、主語の次に目的語が来て最後に動詞が来る。だが、ドイツ語は英語と同じように主語の次に動詞が来る。おまけに名詞には性があるし（トルコ語はない）、単語の一部が切り離されて文末にくっついてしまう分離動詞など、トルコ人には考えられない言語構造なのである。

イスマイルと話していて、「特殊学校」のことが話題にのぼった。当時、トルコ人の子どもたちの中には、言葉ができないために「特殊学校」に送られるケースがよくあった。しかも、この特殊学校という言葉、ドイツ語だとゾンダー・シューレだが、トルコ語に直すとオゼル・オクルになる。トルコ語で、この言葉は私立学校の意味で、裕福な家の子が通う特別に良い学校と聞こえる。親たちは、ドイツ語もドイツの学校制度も知らなかった。なかには、自分の子どもの成績が良いからゾンダー・シューレに進むのだと思い込んだ親御さんも少なくなかったのである。彼は言った。「そう、言葉ができないだけで他には何の問題もないのに、ゾンダー・シューレに送られてしまうんだ。そうならないために、そりゃあ一生懸命に勉強したよ」

彼はハウプト・シューレに進み、その後、レアル・シューレに移り、専門学校に進んだ。学校を出て、機械メーカーの工場で二年間見習い工として働いたが、父親のように一生を労働者として過ごすことに耐えられなかった。兄と二人で、ベルリン市内にピザ屋を開き、その後、旧東側のポツダムでケバブ屋を始めたのである。ケバブ屋といっても、店内にはほとんどテーブルはなく、テイクアウトでドネル・ケバブのサンドイッチを売っている。

彼とは、前任校の一橋大学にいたとき、NHKの高校生むけの教育番組「高校講座地理」の取材に訪れたときに出会った。今から一〇年ほど前のことだが、当時、この番組を年に何回か担当するにあたって、そのうち一回を私のゼミの学生たちがフィールド・ワークにでかける時の現地取材に当ててくれたのである。取材先を探すのも、現地でカメラを回すのも学生がやることにしていた。

その代の学生は、とくに行動力があった。一人の学生が彼を探し出したのである。ドイツ語を熱心に勉強していた彼女は、どこかの新聞でトルコ人のケバブ屋と隣のドイツ人のパン屋が協力してケバブ・サンドをつくっているという記事を見つけた。パン屋さんには全粒粉のパン

かつてイスマイルのいたケバブ屋さん

を提供してもらい、イスマイルがケバブを焼いてお客さんに提供していた。トルコ人もドイツ人も、最近では健康志向が強く、全粒粉のパンを求める人が増えたのだそうだ。

ふつうのケバブ屋はそんな面倒なことをしないから、彼のケバブ・サンドはパンの美味さもあって評判になった。隣家のパン屋はポツダムで百年以上の老舗だから、トルコ系移民のイスマイルとのコラボレーションは、多文化共生の試みとして話題になったらしい。

そんな小さな記事を見つけてきた学生の力に感心したのだが、彼女は日本から電話をかけて、深夜からパンを焼くところを取材させてもらう約束を取り付けた。夜の九時ぐらいから、三時、四時までパン焼きの工程につきあい、昼前に隣のケバブ屋さんが開くのを待って、今度はケバブ屋イスマイルの店に張り付いて、お客さんたちが次々に全粒粉パンにはさんだケバブ・サンドを買っていく姿を追った。

もちろん、イスマイル自身にもインタビューしたのだが、彼は、ポツダムでの商売には何の問題もなく、近所のドイツ人たちからも愛されていることを強調していた。ドイツ人のパン屋さんも、隣人として助け合うのは当然で、相手がトルコ人だろうと何人だろうと関係ないと話していたが、なにか素っ気ない感じだったのを覚えている。

今回、ベルリンに滞在するので一〇年ぶりにポツダムを訪れた。郊外に行くSバーンに乗って一時間弱である。記憶を頼りに駅前から路面電車に乗って、街中あたりで探すと、まずパン屋の「ベッケライ・ブラウネ」の看板が目に入り、ついで、「ファースト」というイスマイルの店の屋号が目に入った。店は以前と同じだった。

次男が店を預かっていることがわかり、全粒粉パンのケバブ・サンドを頬張りながら待つことにした。前に訪れたときには小学生だった彼が、トルコ人らしく、二〇歳にもなるとひげを蓄えて立派になっている。イスマイルの消息を尋ねると、トルコに帰国したと言う。一時的な帰国かどうかを尋ねると、家も買って永住帰国したとのこと。

がっかりしたが、住んでいるところを聞くと、私がこれから行くエーゲ海地方の町であることがわかった。「それなら、会えるね。お父さんとお母さんに、私の携帯電話の番号を教えておいてくれ」「もちろんです。すぐに電話します」

ポツダムでのやり取りはそこまでである。ひと月後、私がトルコのチェシメという町に着いてから、イスマイルが電話をくれた。すごい勢いで、どうしても会いたいと言う。ポツダムの店になにやら問題が生じたので、明日から息子を手伝いに行かなくてはいけない。その前にどうしても一目会いたいと言うのである。同じ町といっても、乗り合いの小型バスを乗り継いで小一時間はかかるのだが、夕暮れ時、ようやく暑さが和らいだころに彼を訪ねた。

ヴェネツィア、影の運河

光と闇のヴェネツィア

六月の後半、ヴェネツィアに一週間ほど滞在した。ここでもairbnbで探した家を借りた。仕事といえば原稿を書くだけで、あとは前から滞在したかったこの街の空気を吸うのが目的である。素晴らしい家だった。窓を開けると小さな運河があって、日中は、絶えずゴンドラが行き交う。家の前には小さな橋があり、反対側にはマルコポーロの家だったという言い伝えのある建物がある。窓から首を伸ばすと右手にオペラ劇場があった。マリブラン劇場という。

一九世紀前半に活躍し、二八歳の若さで生涯を閉じたマリア・マリブランという女性歌手の名前に由来している。彼女が亡くなる前の年に、ベルリーニのオペラ「夢遊病の女」をこの劇場で演じて好評を博したところから、死後、一八三六年に彼女の名前がつけられたという。それまでは、一七世紀の後半につくられたサン・ジョヴァンニ・グリソスト劇場の名で呼ばれていた。公演のある日の夕方になると、練習する歌手たちの声が聞こえてくる。絵に描いたようなヴェネツィア滞在だった。

だからここでは難しい話はしない。名所旧跡には興味がなく、ひたすら路地を歩き回り、市場で野菜や魚を買い求め、乾物屋でワインと香辛料とパスタを買い求め、料理に勤しんだ。そういう生活をするのにイタリアほど楽しい国はないし、合間に眺める運河や建物の美しさも安らぎを与えてくれた。

私は学会活動が嫌いだが、地理学会と地中海学会には今でも入っている。あと、これは本業だから日本中東学会も創立時のメンバーの一人である。そう。こうして街を這い回っているとき、自分はひょっとしたら地理学者かもしれないと思う。決してイタリア語ができるなどと言わないが、生活できる程度の会話ならできる。

三〇年以上前、大学生のとき、東京・吉祥寺に住んでおられたイタリア人のお宅に通ってイタリア語を学んだことがあり、大学でもイタリア語は何年か履修した。もっとも、家庭教師の先生とはもっぱら料理の話に明け暮れ、大学での授業は中級までいったか、いかなかったかさえ覚えていないくらいであるから、イタリア語ができるなどとは言えない。だが、六〇歳近くなった今でも、何日かイタリア語を聞いていると、ひょっとして一年もいたらペラペラとはいかずともペラぐらいまではいけるかもしれないと、ひどく過信している。今回の旅で、もっとも気持ちがうきうきしていた一週間は間違いなくヴェネツィアの滞在だった。

街中の運河（滞在した家の窓からの眺め）

この街を訪れるには、車は使えない。市内も自動車は通行できない。マルコポーロ空港から

荷物は水上タクシーに

途中のローマ広場というところまでは車で迎えに来てもらい、そこから水上タクシーを手配してもらった。とてつもなく重い三〇キロのトランクを三つ持っての旅であり、かつ私は、出発前の激務がたたってぎっくり腰になった身であるから、荷物運びには役に立たない。

すごいものだと思ったのだが、水上タクシーの運転手氏はこの荷物をものともせずボートに引きずりこみ、airbnbのスタッフと落ち合うリアルト橋のたもとまで行く。こちらが荷物をひきずって石畳の道を歩くのは無理だと見通すと、スタッフと電話で話しながら、目的地を借りる家の前に変えてくれた。小さな運河の端にボートを止めると、今度はairbnbの大家の若者（実際には不動産屋である）がやって来て、荷物をみな家まで運んでくれた。

四〇年ちかい旅の経験で、なにかうまくいかないことが重なると、とことん事態が悪化すると信じているので、こんなに周囲に助けられて事が運ぶと戸惑ってしまう。パリのところでも書いたが、この会社で家を借りるのは、なにしろ現物を見ないで契約するのだから利用者には不安もあるのだが、親切な大家（業者）に当たると、なかなか快適な旅ができる。

魚市場で手長エビを丸のみ

家から一〇分も歩くと、大運河のそばに魚市場があった。地元の人にまじって観光客も多いのだが、ホテル住まいでは魚を買えない。一週間とはいえ、家を借りたのはここで魚と野菜を仕入れて、料理したかったからである。

念願は叶った。すばらしい市場である。手長エビ、シャコ、アサリ、タコにイカ、鯛にスズキにマトウダイにマグロ、イワシに鮭。私は大いに料理を探求する気になり、買い物をしている隣の女性に、シャコの食べ方を尋ね、古い乾物屋マスカリの女性の主人には極太パスタの茹で時間を念入りに尋ねた。そして、同じ乾物屋で、今日のメニューを伝えてワインを選んでもらった。結論として、素材があまりに新鮮であるために、ソースは不要。茹でるか、焼くかして主菜にするも良し、パスタとあえるも良し。

したがって、料理としてはひどく単純なものにしかならなかったのだが、それでも十分にうまかった。マグロを一塊買ってきて、軽く炙って、ルッコラと日本から持参の山葵を添え、塩だけをパラパラと振った前菜は美味しかった。地元のラグーナであがったのだろうか。市場にはいつも大量のシャコがいるのだが、これを塩ゆでにしてレモンをかけて食べるのも美味かった。イワシは新鮮なものに小麦粉をまぶしてオリーブ油で焼くだけで美味かった。

魚市場は朝から開いているが、昼間には閉まってしまう。午前中に、野菜、果物、魚は仕入れてしまわなければならない。一とおり買い物を終えると、チーズ屋と酒屋に立ち寄り、今夜の酒を選んで家路につくのだが、簡単には帰れない。魚市場の隣にあるカフェで、エスプレッソを飲む。小さな丸いパンを横一文字に切り開いて、中に、サラミやラルド（塩漬けの豚の脂身を薄く切ったもの）を挟んだパニーニをワインと共につまむ。

暑い日には、オレンジ色をしたスプリッツァという飲み物で喉を潤す。アペロールというオレンジベースに香草を加えた飲み物で白ワインを割ったものだが、周囲を見渡すと、これは酒という範疇に入っていないのではないかと思うくらい、みんなが昼から、いや朝から飲んでいる。

この生活だけは、許されるなら一年ぐらい、やってみたかった。仕事をやめて引退したら住みたいところの一つはイタリアだが、全財産を使い果たして死ねるなら、ヴェネツィアは間違いなく最高の場所の一つだと思う。理由を挙げるなら、この都

朝からスプリッツァ

市が持つ、おそろしく陰鬱な死の影と、どこまでも突き抜けるような青空の下での人びとの生との対比である。滞在中、一気に天候が悪化して豪雨となり、ヴェネツィアを取り巻くすべてが、邪悪を絵に描いたような雲に覆われたことがあった。サン・マルコの広場は水没の危機にあると言われて久しいが、本当に、ラグーナ（潟）と一体になってしまうかと思うくらい水浸しになる。不謹慎なことだが、私はこれが好きである。

かつて真冬にこの都市を訪れたことがあったが、その時にも漆黒の陰鬱にとても心惹かれた。暗い空を映す運河。係留されていながら波と風に揺れる漆黒のゴンドラ。このうえなく暗い驟雨。カーニバル用の異形の仮面。しかし、夜になると、無数のバーやレストランが店を開き、悪魔を退散させるかのように煌煌と明かりをつけて、友達同士、恋人同士、家族同士の会話と笑い声で埋め尽くされる。

市内の主だった教会は、観光客向けにヴィヴァルディのコンサートを欠かさない。ヴィヴァルディはヴェネツィアの人であった。たいていは、アルバイトの下手な楽士たちだが、びっくりするほど教会の音響をうまく利用する寄せ集めの室内楽団に出会うこともあった。

一九九一年の湾岸戦争の直前にヴェネツィアに来たときは、危うくイスタンブールに戻るフライトが戦争のせいでキャンセルされるところだった。戦争の予兆という暗さとヴェネツィア本来の暗さとが重なり合うという滅多にない陰鬱を経験したのだが、そのなかでヴィヴァルディ由来の教会で聴いた「四季」は鮮烈だった。地元のベネデット・マルチェルロ音楽院の先生たちが集まってつくった室内オーケストラによるヴィヴァルディの「四季」。冬の一楽章の嵐

影のサン・マルコ広場

が、あまりにも地中海の冬の嵐であり、二楽章のゆるやかで美しいメロディが、死への甘美な誘いに思えた。

「四季」に感動するとは自分でも思ってもみなかったのだが、翌日、リコルディという楽譜やCDを売る店に行って、彼らの演奏による「四季」はないかと尋ねた。店員は「同じことを聞きに来たのはあなたで三人目だけど、彼らはコンサートのために集まったからCDは出てない」と私の希望を打ち砕いた。

その後もいろいろな演奏の「四季」を聴いたが、あれほど鬼気迫る嵐の情景を映し出したものはなかった。それはヴェネツィアの教会でしか成立しない「四季」だった。

イスタンブール、ラマダンの夕べ。断食明けの食事に集まる大勢の人びと

チェシメの村へ

長期滞在の最後の目的地はトルコのエーゲ海岸にあるチェシメである。ここには自宅があるので、家を借りなくてすんだ。この家は、二三年前に買った。町からも離れていて、当時、周囲は原野だった。バスもないし、町まで行くにはタクシーを呼ぶか、レンタカーを借りるしかなかった。

今は、だいぶひらけてきて、乗り合いのドルムシュというミニバスを乗り継げば町にたどり着く。電気は最初から通っていたが、しばしば停電した。当時、水は共同の井戸からくみ上げていたので、だんだん塩分が濃くなってきて飲めなくなったし、そもそも停電するとポンプの電源も失われるから、水も出なくなった。ガスは昔も今もボンベである。これは店に電話すると持ってきてくれて、取り替えてくれる。

なんでそんなところに家を買ったのかというと、九〇年代のはじめアンカラの大学に研究員として滞在していたとき、すでに同じ区画に家を買っていた知り合いの外交官にそそのかされたのである。良いところだから行ってみなさいと言われ、素直に従って行ってみたところ、水も電気も不自由な場所でありながら、景色だけは素晴らしかったのである。家はシテといって何軒かの家がまとまって建っていて、そのうちの一軒である。シテはフランス語の cité からの借用である。うちのシテの前は崖で、その前はエーゲ海。エーゲ海の先にはキオス島が見える。たしかに絶景であった。私も、即座に原野の中の家を買ってしまった。日本ではずっと借家住まいだったのだから、無謀なことだった。

一つ真っ当な理由を挙げれば、地域研究をするにあたって拠点を持っていたかったということがある。職についてしまうと、長期にわたってその地域なり国なりに滞在するチャンスは少ない。在外研究など、一生に一度か二度当たればよいほうである。だから、夏休みぐらいしか調査や研究のために外に出る機会はない。できるだけ長く滞在したいのだが、ホテル暮らしというのは落ち着かないし、なにより地域の人と交流を深めることはできない。

勝手に我が家の番犬となった野良犬

私の場合、研究の対象は現代の社会であり、政治の動きにあったから、どこか定点観測のように、ずっと見続けられる小さなコミュニティの中に身を置きたいと思っていた。理屈としてそういうことなのだが、それなら、なぜイスタンブールやアンカラにしなかったのかと問われそうである。

アンカラは二年間住んだことがあるが、率直に言って、二度と長期滞在はしたくない。政府や大学の関係者に会うためなら行くが、とにかく、気分転換のしようがないつまらぬ都会だという印象である。イスタンブールはおそろしく刺激的な大都市で、もちろん興味は尽きないのだが、気後れした。どの地区に住むのかを選ぶのが難しかったのである。

金持ちの多い地区は、買うにしろ借りるにしろ東京の比ではないほど高い。下町なら買うことはできたが、イスラム的な地区（研究対象としては興味深いが家でも酒を飲むのが憚られるというのは嫌だった）、クルド人の多い地区（しょっちゅう衝突があったから催涙ガスも銃弾も浴びるのが嫌だった）等々の理屈を自分で反芻しながら選択肢から外してしまった。歴史学者には叱られるだろう。

そんなことを考えているうちに、件の日本大使館員にそそのかされたのである。原野に家を買って何の調査ができるかと、研究者としては自問せざるを得なかったのだが、田舎町なら近くにいくつもある。この地域は、八〇年代に始まる再イスラム化からもっとも遠いイズミール県にあり、雰囲気として開放的で明るかったことも、ここだ！と決める際の重要なポイントだった。一九八〇年代に始まるイスラム復興からもっとも遠い地域に、どこまで再イスラム化の潮流が影響を及ぼすのかを測る指標としてエーゲ海地域は適していた。もちろん後付けの理屈にすぎないのだが。

およそ四半世紀の間に、電気と水に不自由する暮らしが、少しずつ、少しずつ、改善されているのを目の当たりにして「発展途上国」の変化というのはどういうことかを実感できた。今では停電は減り、水道は一〇年ほど前に、ついに市営水道につながったことで、停電すると水も出なくなるという状況から救われた。

トルコは、今やG20のメンバーであり、発展途上国というよりは新興国と言われることが多くなった。この二〇年で飛躍的に発展を遂げた部分も多いのだが、しかし、格差が開いている。地方の町や村を訪ねると、そこには半世紀のあいだ、ほとんど変化していない生活を見ることもある。

　他方、イスタンブールなど、旅行者として滞在すると東京なみ、あるいは東京よりも高いと感じることも増えた。もちろん、対日本円のレートとも関係することだから、日本円が高ければ安く感じるし、円安になると高く感じる。そのことを割り引いても、ゴージャスな生活をするトルコ人たちは、日本人よりもはるかに高い水準でモノやサービスを買っている。

　チェシメ市の中には、チュシメ、アラチャトゥ、ウルジャー、ダリヤンなどの地区がある。地区といっても、元は小さな集落である。私がいるのはダリヤンという村の、そのまた外れだが、アラチャトゥという町は、ここ数年で大変貌を遂げた。たぶん、イスタンブールあたりの大金持ち、それも歌手かテレビの有名人だろうと思うが、そういう人が鄙びたこの町にお忍びでやってきたのがきっかけで、「アラチャトゥ、行った?」が合言葉になったらしい。

　トルコのことを発展途上国とは言わないと書いたばかりだが、発展途上国的な格差やアンバランスが、この町には凝縮されている。空港もないのに、イスタンブールから水上飛行機で飛来することができて、一泊一〇〇〇ドルもするブティック・ホテル（怪しげな宿ではなく、小さ

チェシメの街

な凝ったホテルの意）があって、夜中まで細い石畳の通りには人が溢れ、マカロニ一皿で三〇〇〇円も取られた、お茶一杯で五〇〇円も取られたという話題には事欠かない。

同じチェシメ市内でも他の集落にある高級ホテルは一〇〇ドル前後で泊まれるし、トルコ料理の定食は七〇〇円ぐらいであるから、この町だけが孤立して狂奔の中にあるのは異様である。

二〇年前、アラチャトゥの町には家の補修をするための材料や工具を売る店があったので、セメントやタイルを買いに行った。確かに、石造りの家や風車は、ちょっと他の集落にはない趣があったし、街の中央には今はモスクになっているが元は明らかに教会だったとわかる建物があって、モスクの脇のぶどう棚の下でお茶を飲むのは楽しみだった。

我が家から一番近い集落は、ずっと素朴なダリヤン村である。小さな入り江のある村で、入り江の周囲には、魚料理屋やチャイハネ（今はだんだん洒落てきてカフェと言う）が並んでいる。

ここはアラチャトゥのようにバブルに沸き立つようなこともなく、昔のままの小さな村である。美味いパンを焼く店があるのと、「家族鮮魚店」という文字どおり家族経営の魚屋、それに、夕方になるとロクマというドーナッツを揚げて蜜をかけたものを出す茶屋、それに小さな郵便局がある。

入り江には漁船とヨットがつながれていて、昼寝をする猫を眺めながらお茶を飲むのである。ここまでは、乗り合いのミニバスに乗っていく。あちこちで手を上げれば止まって客を拾っていくのだが、一〇分もすればこの村につく。中心のチェシメの町までは、そこからまた別のミニバスを乗り継いで一五分ほどである。

鯵につられて我が家に現れた猫

トルコとギリシャの過去

チェシメというのは、一四世紀にはジェノヴァの植民都市だったところで、一五世紀の後半にオスマン帝国の支配下となった。エーゲ地方の町にはよくあることだが、住民というのは、もともとギリシャ系の人とトルコ系の人が混在していた。

オスマン帝国はイスラム国家であったから、キリスト教徒のギリシャ人やユダヤ教徒のユダヤ人は人頭税を支払うということで庇護されてきた。西欧で長らく喧伝されてきたイスラム帝国の残虐とは裏腹に、イスラム法による統治では、キリスト教徒やユダヤ教徒は改宗を強要されることなどなく、共存していたのである。

一〇キロほど沖にはギリシャのキオス島がある。このあたりの地域では、まったく言語が異なり、かつ宗教も異なる人びとが長年にわたって共存していた。そして、共存の歴史の方がはるかに長かったのである。ギリシャ人は正教会のキリスト教徒、トルコ人はムスリムである。一九世紀になって、ヨーロッパから伝わった民族主義がギリシャ側で高揚した。

キオス島の住民は、積極的にギリシャ独立運動に参加するのをためらったと、キオス島で買ったガイドブックで読んだ。だが、一つ南のサモス島から独立義勇軍がやってきて、オスマン帝国の守備隊を襲撃した。オスマン帝国はイスタンブールから援軍を送って、独立派だけでなく多くのギリシャ系住民を虐殺した。惨劇の犠牲者たちの髑髏の山が、ユネスコの世界遺産となっているネア・モニ修道院の入り口に飾ってある。

結局、オスマン帝国は二〇世紀になって第一次世界大戦でドイツ側について敗れ滅亡した。一九二二年のことである。翌年、ムスタファ・ケマル等のレジスタンスが、アナトリア半島の内部まで進攻したギリシャ軍を敗走させトルコ共和国が誕生した。

その直後から、トルコ側にいたギリシャ人をギリシャ領に、ギリシャ側にいたトルコ人をトルコ本土側に移住させる住民交換が行われた。多くの人びとが故郷を失ったのである。チェシメでも、キリスト教会が遺構として残っているが中は破壊され焼け焦げている。対岸のキオス島には、今は使われることのないモスクが残っている。

民族主義というのは、この地域において、本当に厄介な代物である。一つの民族が、一つの国を持つというのは幻想にすぎない。一つの民族が一つの国民を成し、その国民が国家をつくる。そして国家は領域を持つ。この領域国民国家の発想が、民族間の衝突、紛争、内戦、戦争をもたらしたのである。

このあたりの町には、チェシメのようにトルコ人とギリシャ人がともに暮らしてきたところが少なくない。地域の大都市であるイズミールは、ギリシャ語名でスミルナと呼ばれていたが、多くのギリシャ人やアルメニア人がムスリムのトルコ人とともに暮らしてきた。

オスマン帝国の時代には、同じ一神教の異教徒であるキリスト教徒とユダヤ教徒については人頭税の支払いと引き換えという不平等な条件ではあったが、オスマン帝国がコミュニティの安全を保障してきたのである。しかし、国民国家の成立は、その共存を許さなかった。

中東での民族問題は、日本と韓国のあいだの民族主義の問題とは異なる。日本と韓国との問題は、日本が侵略・支配したことによるのだから、支配民族と被支配民族とが民族主義をぶつけ合い、非難するという構造となる。だが、中東の場合は、もともと、不平等下ではあっても共存していた諸民族が、領域を持つ国民国家に分断されたことによって、支配民族と被支配民族に分かれてしまった。

今のトルコの支配民族はトルコ民族で被支配民族の一つはクルド民族だが、トルコ人がクルド人の領域を侵略し植民地統治したわけではない。そもそも、国家の領域を決めたのは、当事者のトルコ人でもクルド人でもギリシャ人でもなかった。英国やフランスなど、二〇世紀初頭のヨーロッパ列強の仕業なのである。

英国もフランスも、いまだ第一次世界大戦当時の、自己の利益を追求したことによる国境線策定の責任を問われたことなど一度もない。両国とも、第二次世界大戦においてナチズムとファシズムと戦って自由を守った功績によって、それ以前に、中東や、アフリカやアジアで何をしたかの責任がついぞ問われることがなかったのである。

少し話がそれるが、凶悪なテロ組織と化した「イスラム国」の主張の中で一つだけ正鵠を射ていた話がある。第一次世界大戦当時にサイクス・ピコ協定（一九一六年）によって引かれた国境線を破棄すべきだと主張したことである。これだけは彼らの主張に合理性がある。

サイクスは英国の、ピコはフランスの人間で、第一次世界大戦のさなかに中東の東の地域を英国とフランスの利害を調整しつつ線引きした。最初は帝政末期のロシアも一枚咬んでいたが、ロシア革命の勃発によって退場したから、英仏の二国が地中海の東側を好き勝手に分断したのである。

トルコは、先に書いたように、第一次世界大戦での敗戦にもかかわらず、トルコ人たちが死闘を繰り広げてフランス、英国、ギリシャを撤退に追い込んで建国したのだが、それでもサイクス・ピコ協定のラインには従わざるを得なかった。

今の北イラク、自称「イスラム国」が支配するモスルあたりは、もともとオスマン帝国領だったが、石油を産出することに目をつけた英国が、クルド人をだましてイラク領に併合した。現在のシリアもオスマン帝国領だったが、ここはフランスの委任統治というかたちになり、第二次世界大戦後の一九四六年になって、ようやくシリアという主権国家の成立が認められた。

ギリシャの独立にいたる経緯も、紆余曲折を経ている。自ら望んで複雑な経路をたどったのではない。ロシア、英国、フランスという列強に翻弄され、オスマン帝国と戦ったためである。ギリシャの独立記念日は一八二一年のオスマン帝国に対する蜂起の日ということで一八二一年三月二五日とされているが、独立したのがいつかとなると、ややこしくてかなわない。

一八二二年に独立を宣言しているが、一八二九年のアドリアノープル条約（オスマン帝国とロシアとの戦争の結果、オスマン帝国の宗主権の下でギリシャの自治を承認）、さらに列強の思惑があって一八三〇年のロンドン議定書で列強が承認し、一八三二年のコンスタンティノープル条約で列強に加えて宗主国だったオスマン帝国もギリシャの独立を認めた。

だが、総数三〇〇〇にもおよぶ島嶼部になると、クレタなど第二次大戦でナチス・ドイツに占領されてしまうから、戦後になってようやくギリシャ領として落ち着くことになった。我が家の眼の前のキオス島は一九一三年のロンドン条約でギリシャ領となったが、同じく第二次大戦期にはナチス・ドイツに占領されてしまった。

ギリシャは、第一次世界大戦で連合国側にいたのだが、調子に乗ってアナトリア半島の奥深くまで侵入しすぎた。オスマン帝国の支配を打ち破ろうという民族主義の意気込みの中で、ギリシャにはメガリ・イデア（偉大なる理想）というスローガンが生まれていた。ギリシャ民族主義を率いたヴェニゼロスは、勢いに乗ってトルコ本土まで手中に収めようとしたのだが、ムスタファ・ケマル（後のアタテュルク）率いるレジスタンスの抵抗に屈した。

ギリシャの民族主義は、オスマン帝国の支配から独立することをめざしてつくられたのだから、トルコ人を敵とするところに原点がある。だが、その思想はギリシャに生まれたわけではない。一九世紀をつうじてヨーロッパ、とりわけフランスで興隆し、それが中東地域に波及したのである。トルコの民族主義もまた、フランスの影響を受けていた。

トルコの側も同じことだった。イスラム国家だったオスマン帝国が瓦解した後には、西欧的な領域国民国家をつくるしかなかったのである。ギリシャ軍を西のイズミールから追い落としたのが一九二二年九月九日、チェシメが「解放」されたのは九月一六日。

解放と言っても、それはギリシャ人やアルメニア人を放逐するということであって、それまでの共存の歴史は終止符を打つことになった。トルコの独立は、最終的に一九二三年のローザンヌ条約で確定したが、これとて、ムスタファ・ケマルらの抵抗運動による新政府を、第一次大戦の戦勝国が承認したということなのである。

結果として、国が生まれ、国民とは誰かが決められたが、領域は列強によって決められたものを踏襲せざるを得なかった。トルコとギリシャとのあいだの住民交換は故郷喪失の悲劇であったが、結果として、あくまで結果として見れば、その後、ギリシャとトルコとのあいだに直接的な紛争を引き起こしうる芽を摘んだとも言える。これがなければ、一九九〇年代のバルカン半島を襲った血も涙もない不毛な民族戦争は、間違いなく、両国のあいだにも発生したはずである。

イスマイルとの再会

イスマイルとは、チェシメの彼の家で再会した。上の二人の息子はドイツで暮らし、一人は大学生、もう一人が彼のポツダムのケバブ屋をまかされている。前にドイツで会ったときには生まれていなかった三番目の息子は、トルコに帰ってドイツ人学校に通っていると言う。

イスマイルは永住帰国していた。彼は、四階建てでプール付きの広々とした豪邸に住んでいた。車は新車のドイツ車。庭は芝生、大きなテーブルが二台セッティングされ、子犬がプールのまわりを駆け回っている。絵に描いたような移民の成功者の生活である。だが彼はまだ四〇代後半。トルコでは仕事をせず、ドイツのケバブ屋と賃貸に出している家の家賃で暮らしている。引退する歳ではない。だが、文字どおり身を粉にして働いてきた彼は、もう、いい、楽をしなきゃ、と自らに言い聞かせるように言う。

「そのとおりだよ。家族と一緒に、こんな素晴らしい家に住めて良かった、良かった」。私は相槌を打つ。だが、今のトルコの平均寿命は七五歳に達している。これから三〇年近い年月を、何もしないで暮らすというのは簡単なことではない。

ポツダムで出会ったときは、ドイツ人とのつきあいはうまくいっている、何の差別も受けなかったと話してくれた彼だが、トルコに戻って、一人のトルコ人として生活するようになって、ドイツの印象は明らかに変わっていた。いや、ドイツに暮らしていたときには、あえて、外国人の私には語らなかったのかもしれない。

ドイツでの苦労は並大抵のものではなかった。若いときの溢れるエネルギーで乗り切り、ピザ屋からケバブ屋の主人になったものの、店を借りるときのドイツ人の冷淡なこと、あらゆるトラブルでの役所の対応の冷たさなど、ポツリ、ポツリと語ってくれた。それでも彼は、ドイツとトルコの二つの国籍を持っている。その方が往復するのに簡単だからである。

ドイツ政府は長らく複数国籍の付与を認めなかった。二つの国の国籍を持つのでは、どちらの国家に忠誠義務を誓うのかがはっきりしないじゃないか、という主張も保守系の政治家には根強かった。だが、最終的に一定の条件を満たせば二重国籍でもかまわないということになったのである。とくに、彼のように、トルコにも一定の資産を持っている場合には、二重国籍の承認を受けやすいということだった。彼がトルコに永住帰国した最大の理由は、末の息子をどちらで育てるかを悩んだからだと言う。

二人の兄は、ほとんどドイツで暮らしてきたし、ドイツの大学に進学できたから、今さらトルコに戻るという選択はしなかった。イスマイルと妻はドイツでの暮らしに疲れていた。彼の両親は、高齢にさしかかっているから、母国に戻るのかと思ったらドイツに居続けると言う。ドイツの社会保障制度や医療制度の水準の高さが両親にドイツでの居住という選択をさせたという。それでは家族がバラバラになってしまう。

家族思いのイスマイルは、私には語らなかったが相当に悩んだはずである。末の息子をふつうのトルコの学校にはいれず、だいぶ離れたところにあるドイツ人学校に通わせているのもその表れだろう。いつかドイツで高等教育を受けたいと望む日がくるかもしれないという思いが、永住帰国したものの、子どもをドイツ人学校に通わせるという選択を引き出したに違いない。

彼の出身地は黒海地方でエーゲ海沿岸のチェシメとはかなり遠い。だが、小学校五年生でドイツに移住した彼にとって、故郷はさほど愛着のある土地ではなかった。移民した人に限らず、トルコ人にとってもチェシメという町は独特の響きを持っている。引退したら住みたい町として知られている。

もともとチェシメは避暑地として半世紀ほど前から人気を集めていたので、遠く故郷を離れた人びとにとっても、いつかはこのあたりに家を持ちたいという憧れの地だった。今では、エーゲ海から地中海にかけて、観光地、避暑地として開発された町は相当な数がある。夏休みになると、ドイツ・ナンバーの車をよく見かける。ヨーロッパから二日がかり、三日がかりで

トルコに永住帰国したイスマイル夫妻。豪邸に暮らす

トルコに来るのである。格安の航空会社が発達している今、なにもそんな大旅行をして故郷に戻る人は少なくなった。

一〇〇キロ離れたイズミール国際空港からベルリンまでは三時間ほどである。昔は、メルセデス・ベンツが移民としての成功の象徴だったから、旧式だろうがなんだろうが、ドイツに渡った人たちはメルセデスで故郷に凱旋することを夢見て働いた。車内には家族だけでなく、シャンデリア、毛布、電化製品を詰め込み、もちろんシートには載せきれないから屋根の上に、あらゆる土産をくくりつけてトルコまで走るのである。最底辺に位置づけられた労働者として、どれだけ厳しい仕事をしていようと、故郷に帰るときは「凱旋」でなければならない――それは初期にヨーロッパに渡った人たちの共通の願いだった。

イスマイル自身は第二世代にあたるが、親の世代の苦労を間近に見てきた彼らにも上昇志向は強い。だが、それは豪奢な家、高級車などの物質的なものを手にすることに象徴されやすい。その一方で、家族の絆をことのほか大切にするトルコ人にとって、子どもの育て方は簡単に解決できない課題になる。ドイツで高等教育を受けた二人はともかく、小学生の子どもをドイツ人として育てるのか、トルコ人として育てるのか。

単に言語の問題ではない。ごくごく日常的に、他人に接する態度、家族の関係、仕事に対する考え方等々、ドイツ人とトルコ人とのあいだには相当な差がある。彼自身はさほどイスラムの信仰実践に熱心ではないが、宗教的に保守的であると二つの国家を隔てる溝はもっと深くなってしまう。

エーゲ海の風と水

風水の話ではない。チェシメに滞在していると、風と水に、ひどく敏感になる。といっても、洒落た話ではなくて、風が止まると暑くてたまらず、断水すると落ち着かないのである。エーゲ海地方は、夏の間、ポイラーズという北風が吹く。地中海沿岸は南風になってしまうので蒸し暑いが、エーゲ海は幸いにして北風のため、気温は高くてもまったく蒸し暑さを感じない。朝夕など、長袖を着ていないと寒いくらいである。夜になると、ゴーゴーと音を立てる。

海も真っ暗だが、月が上がってくると銀色に海面を照らす。静かならば、ヴィーナスの裳裾という表現が、なるほどと思えるほどに美しい。季節によって変わるものの、夏なら夏、冬なら冬で風向きがあまり変わらないから、町の周辺には風力発電の風車が林立している。再生可能エネルギーという点では望ましいのだが、かなりの数の風車が立つと、近隣の住民にとっては、その音がかなり気になるそうである。

エーゲ海のサントリーニ島に行ったとき、強風のこの島に風力発電の風車がないのは島の景観を損ねるからだという話を聞いた。観光名所で知られるサントリーニでは、重油による火力発電で電気をまかなっているという。

　過去二十数年、できる限り、夏はチュシメに滞在していたのだが、ここ数年、確かに暑さが増した。北風が吹かない日が増えたのである。それどころか、ふつうは秋から冬にかけて吹くはずの南風ロドスが吹くことさえあった。ロドスが吹くと湿度は八〇％近くまで上がる。北風のときの湿度は六〇％前後である。気温は日向で測ると四五度を超える。

　ところが、日陰で測ると外で三〇度、室内は二八度ぐらいである。日陰のやさしさとありがたさというのは、日本では湿度が高いせいであまり感じないのだが、乾燥している地域や、風が吹いているときには絶対的なものである。直射日光を浴びているところの暑さは日陰で防げるが、湿気ばかりは、日向にいようと日陰にいようと変わらない。

　夏の間、風と太陽の位置を見ながら、テラスを移動する。我が家は北向きなので、北と西と東にテラスがある。午前中は西側のテラスに陣取り、昼ごろは北のテラス、そして午後になって太陽が西に向かうと東側のテラスに日陰を求めて移動するのである。

　風を感じることができるのは幸せである。風がぴたりと止まってしまうと家の中にいるしかない。吹かないか、吹かないかと外の木々を眺めながら、待つ。ミモザの枝が揺れ出すとそよ

真夏は暑い、暑い、暑い

風。ソテツの葉が揺らぎ始めると、わりあいと強い風である。家の前の夾竹桃は、なぜだかわからないが、可愛げのないことに、風が吹いてもなかなか葉が揺れない。

書き忘れていたが、夏の間、この地域ではほとんど雲を見ない。今年は、二日ほど曇り小雨を見たが、トルコ各地で洪水になったから、やはり異常である。風が止まって暑い日が続くと、ついつい、新聞に載っているエアコンの広告に眼が行ってしまう。日本よりも高いが一〇万円も出せば買える。どうしよう、どうしようと優柔不断に陥るのは、何日か待つと風が吹いて、クーラーなど無用の快適な生活に戻るからである。去年もずいぶん暑かったので、ついに扇風機を買ったのだが、滞在中、二日ぐらいしか使わなかった。昼は日陰にいれば我慢できるし、夜は二六度ぐらいまで下がるので、日本のことを思えばさして寝苦しくもない。

日本ではクーラーを手放せない。とくに、五年前に京都に移住してからは暑さに耐えかねている。京都の人は蒸し暑いと言うが、晴れた日、日中の湿度は、おそろしいくらい低い。実際に何度も測ってみたのだが、二五%から三〇%程度しかない。気温は、気象庁が発表するのと違って外のカンカン照りの中で測ると四五度を上回る。まるで沙漠気候である。ところが、朝と夕方は湿度が急上昇して八〇%ほどになる。気温は落ち着くものの三〇度ぐらいある。

中東のように、湿度は低いままで、日中は高温、朝と夕方は気温が下がるというのと違って、京都では一日の間の湿度の差が大きい。東南アジアからの留学生でさえ辛いというのは、この湿度の差のせいである。一日のうちに、沙漠気候と熱帯湿潤気候とを繰り返すのだから、身体がもたない。個人的な感覚では、中東の暑さも相当なものだが、朝と夕方にはほっとするほどひんやりするから、まだしも中東の方が楽である。

チェシメの原点となったウルドゥル（ギリシャ語ではエリトゥライ）という村が二〇キロほど東北にある。紀元前六〜七世紀には丘の上に都市ができていたという。赤い花崗岩が多く使われているので、対岸の（現在の）ギリシャのキオス島からも際立った彩りを眺めることができたらしい。なにかで読んだのだが、ヘロドトスもここの空の美しさを愛でたという。遺跡は、発掘調査が終わっていないので、円形劇場とアクロポリスの跡だという丘の頂ぐらいしか見るところはない。

今年の夏、久しぶりに猛暑の中を登ってみた。三六〇度、見渡すことができる丘の上は、もはや崩れたアクロポリスしかないが、ここの風がなかなか素晴らしい。日陰がないから熱中症に気をつけなければならないのだが、目の前の静かな入り江から背後に広がる畑（秋から冬に栽培するアーティチョークの畑だから夏は何もない）に向けて吹き抜ける風は、なんとも言えず心地よい。こういうところで冷たい水を飲むと、甘露という言葉がぴったりだが、実のところ暑さのために味わっている余裕はなく、命をつなぐために、いかに水が必要かを思い知らされる。

トルコは三方を海で囲まれている。北の黒海、西のエーゲ海、南の地中海である。イスタンブールから南にかけて、ダーダネルス海峡まではマルマラ海と呼ばれる。エーゲ海というのは、ダーダネルス海峡よりも南を指す。北の黒海地方は、夏でもそれほど気温は上がらず、秋から春にかけては雨も多く緑豊かな地域である。地中海沿岸はすぐに山になるため、南から吹いてくる風が行き場を失い、どうしても蒸し暑くなる。

エリトゥライの遺跡

そのかわり、冬は温暖で過ごしやすい。エーゲ海にせよ、地中海にせよ、また内陸アナトリア地方にせよ、晴れているのは夏で、冬は雨という地中海性気候に含まれる。エーゲ海も、夏は静かだが、冬には嵐になることも多い。エーゲ海クルーズというのは、たいていギリシャの島々をめぐる人気のツアーだが、ほとんどは夏のもので冬にはやらない。いかんせん天気が悪く海が荒れるからである。

チェシメは涼しいように書いたが、私の家は断崖の上にあるから、海を渡る風をもろに受けている。もちろん、建物が密集するチェシメ市の中心や、今やセレブたちの憧れの町となってしまった隣のアラチャトゥのようなところに行くと、ちっとも涼しくない。風が抜けないからである。人が手を入れすぎると、景観だけでなく自然の恵みを受け取れない。

チェシメというのは「泉」のことである。誰かが寄進した公共の水汲み場もチェシメという。チェシメ市には水汲み場がいくつもあり、多くはオスマン帝国時代のもので、立派なつくりで碑文が彫られているのだが、私には読めないから年号ぐらいしかわからない。個人の家に水道が引かれていなかった時代、水汲み場から生活に使う水を汲んでいた。逆に言うと、海に近いのに真水の泉がたくさんあったところから、この町がチェシメと呼ばれるようになった。

一九九〇年代のはじめに家を買ったとき、洗い物やシャワーの水は、シテの井戸水を使っていた。シテでボーリングして水を確保していたのだが、残念ながら我が家のあたりは海に近すぎて、塩分や泥がまざってしまった。フル回転させられているポンプは何度も故障し、なかなか難儀をした。飲み水は、ペットボトルの水を買うか、町のチェシメに汲みに行っていた。

オスマン帝国時代には、公共水汲み場としてのチェシメは金持ちが寄進していたようだ。水を分かち合うという発想、チェシメに人が集うという発想は、イスラムの信仰とも深く結びついているのである。アラビア半島に生まれたイスラムは、水が得られる都市にしか成り立たなかった。沙漠のような乾燥地域でも、地形や地層の成り立ちによっては真水を得ることができる。当時の人びとにとって、これは奇跡であり、神の恩寵と受け取られただろう。実際、夏の暑さと乾燥の中で泉から湧き出る真水は、喉を潤すだけでなく、礼拝前に身体を清めるときにも欠かすことができない。

今から一〇年ほど前に、ようやく公営水道が我が家まで来た。よく水道もないところに家を買ったと思う。絶景にだまされたのだから仕方ないのだが。水道が引かれて数年たつと、このあたりの開発が急速に進んだ。あっという間に原野だった我が家の周囲にも家が立ち並び、夜は真っ暗だった道に街灯がともるようになった。だがそのおかげで、夏の間の人口が急増し、みながシャワーを浴びる時間や夕食の時間になると水圧が下がるようになった。

シャワーには電気の給湯器を使っているが、熱湯が噴出するのを避けるため、冷水側から一定の水圧で水が来ないと使えない仕組みになっている。つまり、水道の水圧が下がるとシャワーを浴びられないのである。台所やトイレはそれは困るので、屋上に七五〇リットルの貯水タンクを設置した。断水すると、ちょろちょろではあるが、とりあえず水を使うことができる。

日本で、水洗トイレに慣れていると、押せば（あるいは引けば）水が流れるものと思っているから断水するとパニックに陥る。以前、この家に来たお客さんも困惑していたのだが、話は簡単で、バケツで水を汲んできて便器に一気に注げば流れる。バケツの水は、幸いなことに我が家のあるシテにはプールがあるので汲んでくればよい。

ここのシテの住民はほとんどが二〇年ほど前から変わっていないから、もう、慣れている。水が来ないと「ああ、来ないねえ」とみんな何もできないから、テラスでぼうっとしている。

エーゲ海の野菜

この半年のあいだ、できるだけ自炊することにして、それも自分でつくってきた。この地方は、野菜、果物、魚が豊かである。トルコでも内陸地方に行くと、あまり魚を食べない。もちろん、肉は他の地方と同じように羊、牛、鶏を売っているから、入手するのは簡単である。特段に、「エーゲ海の」と名乗る料理があるのかどうか、私は知らない。町のレストランのメニューを見ても、トルコの他の地域とさして変わらない。

チェシメの家での自炊には慣れているが、今回、ここに到着してから、さて、何をつくろうかと考えても、あまり独創的なメニューが浮かんでこない。パリでは、マルシェの魚や野菜を見ているだけで意欲が湧いてきたし、スコットランドでは、ありったけの知恵を絞って、眼の前の限られた食材を使いこなそうとした。それが、食材の豊富なエーゲ地方に来るとしぼんでしまった。疲れたからだろうか。

妻は近所の女性たちから少しずつトルコ料理を学んでいたので、インゲンの煮込みや、ボレッキをつくってくれる。ボレッキというのは、ユフカというごくごく薄い小麦粉のパン生地のようなものでさまざまな具材を巻いたり挟んだりして、オーブンで焼くか油で揚げる料理である。今回は、パズ（ふだん草）を折り込んでオーブンで焼いたのを何度か食べた。他にも、ドルマといって野菜にひき肉や米を詰めて煮る料理がある。ピーマンの中に詰めたりブドウの葉で巻いたり、ズッキーニの花でもつくる。

　こういう素朴な料理を食べているうちに、思いあたることがあった。素材としての野菜のうまさである。私は、子どものころから日本のピーマンが大嫌いである。とくに、炒め物にされるとまったく受けつけない。ところが、チェシメにいると、日本のピーマンとは似た系統なのだが、先に挙げたピーマンのドルマは大の好物なのである。

　日本のように緑が濃くてしっかりしたピーマンはトルコでは少ない。ドルマ用のピーマンは黄緑色で柔らかく、私が苦手な独特のにおいが少ない。トルコ語では、ビベルと言うが、ビベルとは、唐辛子類の総称となっている。日本で言う万願寺唐辛子やしし唐の類は、じつに細かく種類が分かれている。辛味には気をつけなければならない。飛び上がるほど辛いものもあるし、ピリッとするものもあるし、まったく辛味のないものもある。

ピーマンのごはん詰め。トマトでふたをして煮込んだもの

　チェシメに着いてすぐ、一〇年来の友人であり、個人タクシーの運転手であるユミットが、自分の畑でと

れた野菜を届けてくれた。彼は、熟練のタクシー・ドライバーだが、それは夏の人が多い時期だけの仕事で、秋から春は、四ヘクタールほどの畑を持っていて、そこで主にアーティチョークを栽培する。アーティチョークは冬の野菜で三月には収穫を終えるから、その後にトマトや各種のビベル、ナスなどの夏野菜を自家用につくっている。夏の間、チェシメとその近郊の人口は避暑地に来るトルコ人や観光客で急増するから、一年分の現金収入は六月から九月の四か月で、ほぼ稼いでしまう。彼は、毎年、新鮮なアーティチョークの美味さを私に説いて聞かせるのだが、残念ながら、その時期にチェシメに来ることはできないから、いつも話だけである。

十年来の友人、ユミット

彼のビベルには、ドルマ用の日本でいうピーマンの小さいの、極辛のしし唐、それほどでもないしし唐、甘口のしし唐があるのだが、いつも、どさっとくれるので、極辛が当たるかどうかはロシアン・ルーレットのようなものである。だが、これがそろいもそろって、じつに美味いのである。しし唐の類は、焼くと柔らかくなって、やはりピーマン類の匂いも味もあるのだが、すでに大量生産されている日本の万願寺唐辛子よりも、ずっと野性味がある。

赤い実の厚いピーマンもくれる。これは、焼いて薄皮を剥いで、ヨーグルトにニンニクをすりおろしたものをソースにしてかけると美味い。日本人には、ニンニク入りヨーグルトというと顔をしかめる人が多いが、トルコでは定番のソースである。逆に、トルコ人は（最近は出てきたが）、ヨーグルトを甘くして食べる習慣がなかったから、日本では砂糖を振って食べる人がいると言うと顔をしかめる。

彼がつくるトマトは、さらに絶品である。皮は厚いから日本では敬遠されそうなトマトだが、なにしろジューシーで、トマトの濃厚な香りが切った瞬間に漂う。これはビベルもそうで、しし唐の類に強烈な匂いがあるというのは、ちょっと想像できないのだが、台所に山盛りにしていると、ビベルのひりひりした香りが食欲を誘う。日本では、食感がよくないと言ってトマトの皮を剝いたりするが、ここでは無用である。

生で食べるときは、塩とオリーブオイルをかけまわすと、それだけで芳醇な野性の香味が溢れる。煮込んだり、焼いたりしても、もちろん美味い。とくに、熱を加えると甘みが増してくる。彼に尋ねると、乾ききった畑に、肥料もやらず、水もやらず、枯れてしまうのではないかと心配になるくらい、何もしないことが、自然の味を凝縮するのだと言う。

かつて、日本で、こういう農法でつくったトマトをずいぶん高く、通販などで売る広告を見たが、トルコでは、およそ水気のない土地なら夏になればいくらでもある。彼は、売るためにつくっているのではないから、私にも山のようにただでくれるが、仮に同じつくり方をしたトマトをバザールで買っても、一キロ二リラ、二〇一五年のレートでは八〇円である。美味いトマトを食べたかったら、水も肥料もやらずに、カラカラの畑で育てればいいそうである。もちろん、日本のような湿潤な夏では、当然、つくり方も違うのだろうから、日本のトマトが高くて美味くないというのではない。

ナスにいたっては、卒倒しそうに美味い。実際、トルコで有名なナス料理には「イマーム・バユルドゥ」というのがあって、これはイマーム（イスラム指導者）が美味さのあまり卒倒したという意味である。柔らかく焼いたか、揚げたナスにたまねぎやトマトを散らして煮込んだ料理である。私は、もう一つの代表的ナス料理であるカルヌヤルク（ナスの切腹）の方が好きである。これも「イマーム卒倒」に似ているが、柔らかくなるまで焼いたナスを半身に切って、そこにタマネギ、トマト、ひき肉などを別に炒めてから載せて、オーブンでじっくり焼き上げるのである。火を通したナスはクリームのようにねっとりと舌にからみ、これがあのひょうきんな表情でぶらさがっているナスとは思えない。

ナスの切腹という料理

メロンも同じである。日中、四〇度を超す畑に転がっているのをユミットの畑で収穫させてもらったが、当然のことながらメロン自体も温かい。これを家に持って帰って台所に転がしておくと次第に冷えてくるので、食べたいときに切る。甘みはもちろんだが、香りが部屋に広がる。わざとらしい甘さも香りもない。水のときにも書いたからくどいが、これぞ甘露というものであって、昔から夏の渇きを癒やすには、このメロンとスイカが最適であったと確信せざるを得ない。もちろん、メロンやスイカにも肥料など与えなくてもいいそうである。野菜や果物が持っている力は偉大である。

メロンとともに飲む酒がある。トルコの地酒、ラクである。ブドウからつくられる蒸留酒だが、アニスの香りがきつく、嫌いな人に石鹼臭いと言われ不評である。これが、メロンと絶妙に合う。メロンだけではダメで、塩気と匂いのきつい山羊か羊のチーズと合わせなければいけない。フルーツで飲める酒も珍しいが、ラクの強烈な匂いをチーズの匂いにぶつけて、そのうえで仲裁役のメロンが場をおさめるのである。だから、昔からメロンを買いに行くのは男が多い。

ついでだから書いておくが、ラクというのはトルコでの呼称で、シリアやレバノンではアラック、ギリシャではウゾと呼ばれる。フランスのパスティスも同系統の酒である。昔、シリアのアレッポでは生肉を強烈な手の力でこねまわしたクッベ・ナイエ（トルコではチイ・キュフテ）と一緒に飲んだことがあるが、これも絶品であった。

メロンとラク

生肉は、捏ねて、捏ねて、捏ねることによって、力学的エネルギーが熱エネルギーに変わり、一緒に混ぜる引き割り小麦までやわらくなって、生肉の生っぽさを吸収する。さまざまな香料を混ぜ込んで、中央にくぼみをつくってオリーブの生一本をたらしてスプーンですくって食べるのがシリア風、レタスにくるんで食べるのがトルコ風である。

ユミットは、夏に私が来ると野菜だけでなく、原乳、ワイン、オリーブ油を届けてくれる。これらは彼の隣の農家がつくっているのだそうで、いずれも自家用のため、個性が際立っている。オリーブ油は、日本で輸入物を買っても、香りが抜けている。いくらヴァージン・オリーブを名乗っていても、ツンと立った香りがない。農家自家製のオリーブ油は、パンに沁みこませて味わうとすぐにわかるが、鼻に抜ける香りが、まるで万病に効きそうな、ある種の薬効を感じさせる。

酒のついでにワインについても書いておこう。皮肉なことに、二〇〇二年にイスラム政党の公正・発展党の政権が成立してから、トルコの酒事情は格段に向上した。酒の消費量も、世俗政党の時代よりも増えている。ワインは、赤、白、ともに「飲める」水準に達しただけでなく、時に、「ほうっ」となるものもある。ただ、如何せん、ワインの保存方法に無頓着な店が多いから、暑さでだめになっていることも多く、残念なことである。

チェシメに滞在している間、これもユミットの隣人なのだが、赤ワインを醸造している家があって、そこからペットボトルに入れたのを仕入れてくる。一言で言えば、古代の人びとが飲んでいたのは、こういうワインではないだろうかと思わせる。タンニンが強くて渋いのだが、空気に触れると、しだいに丸くなっていく。

だがそれでも、土くさい、大地の香りが鼻につく。そんなものが美味いのかと言われれば、これは、その土地の気候と食べ物との相性でしかない。単品で飲んでも美味いフランスやイタリアのワインには及ばない。しかし、羊の骨付き肉の炙ったの、香りも味も濃いチーズなど、素材の強さがある料理には、よく合う。このあたりの食材というのは、みな自己を主張する。そのために、じつはあまり凝った料理のしようがないのである。

名物はアイスクリーム

チェシメの名物、アイスクリームについても書いておきたい。白いのだが、バニラを使わず、サクズを使っている。サクズというのは、トルコ語ではふつうガムを意味する。チェシメの対岸のキオス島。この島のトルコ語名はサクズ・アダス（サクズの島）である。島の南にしか育たないマスティカという樹がある。なぜだからは知らないが、土壌と気候に対してとても繊細な樹木だそうで、とにかくごく狭い範囲でしか栽培されていない。かつてチェシメにも自生していたらしいが、ほとんど見られなくなり、現在はトルコの研究機関がキオス島と環境条件が似ているチェシメで栽培をめざしている。

この樹の幹を削ると透明な樹液がしずくとなって落ちる。これが天然のガム・ベースで、それ自体を噛むこともできるが、おそろしく粘度が高く歯にくっついて仕方がない。クリスタルのような樹液のしずくは、ポトリ、ポトリと樹の下に落ちるのだが、乾いたものを拾い集めて、あらゆるものに加えるのである。歯磨き、リキュール、ガム、乳液などの化粧品、シャンプー、そしてアイスクリームである。キオス島に行くと、それこそありとあらゆるマスティカ製品を売っている。胃の薬というのはわかる気がするが、それをシャンプーにして何の効果があるのかは知らない。キオスの人に尋ねると、とにかく万病に効くとしか言わない。

マスティカの樹液は胃病に特効性があるとかで、研究が進められている。ピロリ菌退治にとりわけ効果があると地元では言われている。独特の香りがあり、松脂のようでもある。これをアイスクリームに加えたものが、チェシメにある。サクズル・ドンドゥルマという。サクズルのルは、「サクズ入り」の意である。ドンドゥルマがアイスクリーム。もとは凍らせたものの意味。このアイスクリーム、やや伸びるのだが、いわゆるトルコの伸びるアイスとは別物である。伸びるアイスの方は、カフラマン・マラシュという東南部の町が本場でサーレプという植物の根からつくった粉を加えて粘度を高めている。

名物のマスティカ入りアイス

マスティカ入りのアイスクリームはそこまで伸びないが、口どけが良く、すっと消えてしまう。アイスクリームと書いてしまったが、クリームっぽくない。なんとも不思議な食感である。暑い日には、あまりべたべたしたアイスクリームを食べる気にならない。そもそも日本ではアイスクリーム自体を食べない。しかし、このマスティカ入りアイスは、このヒリヒリと痛いくらい暑いチェシメで、少し頭を冷やそうかというときに食べると心地よい。

座って食べられる店がメインストリートに一軒ある。バラや桑の実のジャムを自家製造している古い店で、夏は観光客でいっぱいである。港の手前には、二五年前から屋台店でアイスクリームを売る店が並んでいるが、その中の一軒、メトハンを贔屓にしている。一つ八〇円ほど。コーンにぽこっと丸いアイスを載せるのではなく、へらですくってはコーンに擦りつけ、三段ほど重ねてくれる。外は四〇度を上回る気温だから、すごい勢いで舐めるなり、かじるなりしないと即座に溶け始める。夏のチェシメで、他人と話しながら食べるにはまったく不向きである。

このマスティカには悲しい歴史がある。キオス島にギリシャ独立運動の闘士たちがやってきてオスマン帝国の守備隊を攻撃し、それに対してイスタンブールから援軍が来て島民が虐殺されたことはすでに書いた。オスマン帝国が、戦略的には重要な位置にないこの島にこだわった理由が、このマスティカだったという。貴重な薬、あるいは菓子などへの風味付けとしてスルタンに献上されていたらしい。そのせいでマスティカの島であるキオスでギリシャ側とオスマン帝国とが衝突してしまった。

マスティカを栽培している地区に行ったことがあるが、乾ききった大地に緑の小さな葉を茂らせている樹のもとにクリスタルのようなしずくの固まったのが落ちていてキラキラと光っている。村の女性たちが、家の軒先でそれをかき集めて、落ち葉と樹液とを選別する。その作業は、ほとんど古代以来変わらない。ほそぼそと村人の手仕事で集められているマスティカは、涙の一滴のようであった。

パリ、ルーブル美術館のピラミッドの屋根

II 闇と向き合う

――戦争は前触れもなく門の前に

難民たちの前に横たわるエーゲ海

トルコでの滞在も終わりに近づいた九月の初旬。夜中に原稿を書いていると、近所の犬がひどく吠え出した。遠くで、銃声のような音が聞こえた。家の外に出てみると、近所の家の青年と父親が懐中電灯を持って、家の前の海の方を見ている。そこに、一人の見知らぬ若者がやってきた。シリア難民である。

尋ねると、下の海辺で十数人の仲間と一緒に、ギリシャ領のキオス島に渡るために密航業者が手配したボートを待っていたのだが、ボートは来なかったと言う。おそらく、金だけをだまし取って行方をくらましたのである。銃声のような音は、はぐれた仲間が居場所を知らせるために爆竹で合図をしたものらしい。そのころになると、毎晩のように、沿岸警備隊がパトロールに出ていたが、チェシメのような田舎町には二隻しか船はなく、複雑に入りくんだ海岸線のすべてを見回ることはできない。陸の上にも警察や治安維持部隊がいることはいるのだが、これも、夏の間、人の多いこの町をすみずみまで警戒することなどできない。

隣家の青年は、サンドイッチを食べるか？　なにか必要なものはないか？　と身振り手振りで聞くのだが、難民の若者は、水だけほしいと言う。崖を這い上がってきたので、ひざをすりむいていたから、隣家の青年が簡単に手当てをした。こざっぱりした身なりでTシャツに短パン。トートバッグを肩にかけ、スマホをいじっている姿は、街中で出会えば、ふつうの大学生にしか見えない。グーグル・アースで自分の位置を確かめるのを私も手伝った。

彼に尋ねると、ダマスカスから来たと言う。年は二一歳。三年前に大学に入ったが、内戦で学業を続けることはできず、あちこち逃げ続けてトルコ領に入った。みながドイツをめざすと聞いて、半年ぐらい前からヨーロッパ行きを考え、ついにトルコの西端のこの地にたどり着いたと言う。イズミールに集まってくる密航業者に金を払い、チェシメまで来てからバンに詰め込まれて我が家のあたりまで来て降ろされ、崖の下で船を待てと指示されたらしい。私がシリア方言のアラビア語で話しかけると、最初はひどく怯えたが、昔シリアに留学したことのある日本人だと言うと、ようやく重い口を開いた。

仲間とスマホで連絡を取り合い、なんとかお互いの無事を確認したものの、その日の夜は、もう密航はできない。もう一度、業者に会うためにイズミールに戻ると言う。もちろん、夜中にバスはない。朝まで、チェシメのバスターミナルで待って、イズミール行きに乗るように言うと、しっかりと、背筋を伸ばして暗闇の中に消えていった。街灯の明かりの下を歩いていく彼が、無事にギリシャへの「希望の道」を果たせることを祈った。

その数日前、早朝にチェシメのバスターミナルに行ったときのことである。朝の七時ごろ、ターミナルには疲れ切ったシリア人たちがいた。ベンチに座り、口数も少ない。彼らもまた、密航業者にだまされたか、途中でボートが沈んだか、いずれにしてもわずか一〇キロ先のキオス島への渡航を果たせなかった人たちである。お茶でも飲みませんかと誘っても、彼らは、力をふりしぼるように微笑んで、しかし、結構ですと胸に手を当てて丁寧に断る。

そんななかで、日本人によく似た男性が近づいてきた。片言だがトルコ語を話すので、どこから来たかを尋ねると、アフガニスタンだと言う。ハザラという民族の人で、過去にずいぶん迫害を受けている。遠く、アフガニスタンからタジキスタンに逃れ、イランに逃れ、一時はロシアにも滞在し、その後、トルコ東部の町で三年暮らしたと言う。自分たちが何者であるのかを証明する書類を何一つ持っていない。故郷を離れてから十数年になり、イランで知り合った女性と結婚して、三人の子どもと一緒だった。バスターミナルのわきに放置されている古いミニバスの車内で寝泊まりしていると言う。息子の一人も出てきたが、外見はまるで日本人である。なんともいたたまれない思いに襲われた。

一家はイズミールからチェシメにやってきたものの、密航業者に払う金もなく、ほんとうにあてもなくここにいる。こういう人びとを前にして、彼らが難民なのかどうかを考えることも、彼らの人生を弄んでいるような気がして、ただ、彼が話すのを聞くしかなかった。世界は、アフガニスタンにしても、パレスチナにしても、そしてシリアもそうだが、あまりに困難の渦中にある人びとを放置してきたのである。

イズミールで難民たちに話を聞く

二〇一五年の八月、トルコにいるシリア難民は一九七万人、うち難民キャンプに収容されている人びとは二六万人だった（内務省移民局）。一七〇万近い難民が、町に溢れていたことになる。*六月あたりから、西部の大都市イズミールに続々とやってきて、ここからエーゲ海岸のいくつかの町に散っていく。ボドルムはギリシャ領のコス島に近く、チェシメは同じくキオス島に近い。他にもミディッリ、レスボスなどの島にもシリア難民が集まっている。彼らはそこから首都のアテネにフェリーで向かい、陸路でマケドニアからセルビア、ハンガリー、オーストリアを経てドイツをめざすのである。

八月当時、イズミールの中心部バスマネは、シリア難民のターミナルとなっていた。夕方になると、続々と集まってくる。みな手には黒い大きなポリ袋を提げている。なかには救命胴衣

*その後、二〇一六年二月には、トルコのエルドアン大統領が二七〇万人と発言している。

や浮き輪が入っている。レジャー用のゴムボートを持っている人もいる。表情には、憔悴、希望、緊張が入り混じっている。しかし誰一人として絶望を漂わせていない。

話を聞くと、口々にシリアのアサド政権の暴虐を訴え、自分たちの境遇がいかに悲惨なものかを訴えるのだが、誰一人、金をくれとか食べ物をくれとか、そういう無心をしない。これから彼らが無事ヨーロッパのいずれかにたどり着いたとして。ヨーロッパ側が彼らを哀れな存在とみなすのなら、難民受け入れは大変な混乱をもたらすだろう。状況が悲惨であるのはそのとおりだが、シリア人は、独立自尊の気風を持ち、家族以外には人と群れることをしない。

密航業者に支払うのは一人あたり一二〇〇ドルから一五〇〇ドル。だが最近では、夜中にどこかの浜から出て、未明に別のトルコ領内の浜で降ろし、ここがギリシャだと騙す業者も横行している。そういう業者につかまると、七人、一〇人の家族（親戚もいれて）は一万ドル近い金を奪われることになる。業者はシリア人とトルコ人が組んでいるケースが多い。だが、バスマネに集まってくる人たちは、誰が密航業者で、どこへ連れて行かれるのかを知らない。案内人がやってくると、ミニバスに彼らを詰め込んで、即座に発車する。タクシーで一〇〇キロ近く離れたチェシメまで向かう集団もいる。余裕のある家族である。

どこから来たのかを尋ねると、シリアが多いものの、イラク、アフガニスタン、パレスチナ、バングラデシュ、パキスタンなどからの人もいる。そういう人は、ギリシャに着いたとしても、シリア人が優先なので、先の行程はまったくわからない。難民に便乗した不法移民じゃないかと即断することはできない。

あるパレスチナ人はシリアのヤルムーク難民キャンプにいたが、政府軍の攻撃を受けて脱出、レバノンに行ってＵＮＨＣＲ（国連難民高等弁務官事務所）から難民の証明をもらったものの、レバノンからは出国できないことがわかり、一旦、シリアに戻り、そこからトルコに密入国したと話してくれた。

イズミール市は、バスマネ周辺の衣料品店や靴店には、オレンジ色の救命胴衣がずらっと並べてある。イズミール市は、あまりに粗悪で浮かばないという理由で、救命胴衣の販売を禁止したそうだが、難民の客は減らないから、今も堂々と売っている。さわってみたが、中身はただの発泡スチロールの板で、それをもっともらしくオレンジの布で覆っている。一つ七五リラ（三〇〇〇円）程度である。大変なぼろ儲けをしている。

イズミールで密航手配師を待つ難民たち。希望に溢れている人も多かった

難民たちは、決してみすぼらしい身なりではない。ことごとく、こざっぱりした格好である。救命胴衣を入れた黒い袋を持っていなければ、トルコの市民と見分けはつかない。服を新調していく人も多いと洋服屋の主人が語っていた。たしかに、子どもにはきれいな服を着せ、母親はきっちり黒い長衣にヴェールという家族もいた。あと一歩でヨーロッパだという覚悟のようなものを感じる。難民というと、打ちひし

がれて哀れを誘う姿を想像しがちだが、彼らはまったくそうではない。もちろん、憔悴しきってはいるのだが、平安と自由を得ようと眼はぎらぎらと輝いている。

シリアの人びとというのは、親族のネットワークは緊密だが、その分、他人をなかなか信用しない。教育の水準も高い。高等教育を受けたかどうかというよりも、ものごとの判断力が的確で先を見通そうとする力に優れているのである。お金に関しては、ケチとか汚いとかいうのでなく、スマートに金儲けすることがうまい。実際、イズミールまで来て、そこで一人一〇〇〇ドル以上を支払って、さらにドイツまで行こうとするのだから、それなりに現金か金（腕輪かなにかで身につけていて売る）を持っているはずである。

彼らがドイツに着くまでに、その金を使い果たすか、あるいは到着した後の生活のために、さらに資金を持っているのはわからない。シリア難民の人たちの場合、大変な辛酸を舐めてきたこと、本人が金を持っていることは矛盾しない。私が心配するのは、ヨーロッパの目的地ドイツに着いて、彼らが意外にも現金を持っていることに気づいたドイツ側が、本当に難民なのかと疑いを抱くことである。難民かどうかの判断に本人の所持金は関係ない。そもそも難民が金を持っているなどと誰も考えないからである。しかし、シリアの人は政権軍や反政府軍の攻撃から逃れたのであって、どちらも、どこの誰かを識別せずに攻撃していたから、金持ちも貧しい人も一緒に国を離れた。そのため、ずいぶん豊かな難民もいれば、とことん貧しい難民もいた。

難民支援事業に携わっている人の話だが、生活に必要な物資を配っていたところ、高級外車で乗り付ける人がいたという。事情を尋ねると、シリアのアレッポで店を二軒経営していたが、政府軍の空爆で潰されてしまい、やむなく逃げてきたと言う。高級車に乗り現金だけを持って、当座必要な衣類や生活用品をもらいにきたのである。こういう人も、本当に何も持たない人も、ヨーロッパは等しく受け入れなければならない。

ただし、忘れてはならないのは、金を持たない難民たちが、トルコ、ヨルダン、レバノンなどの難民キャンプや都市部の劣悪な住環境の家に膨大な数で残っていることである。EUは流入した難民で手一杯になるだろうが、教育や仕事へのアクセスができないまま近隣諸国の難民キャンプに留まる人びとの状態はさらに深刻である。本来、難民として先進国が受け入れるべきは彼らの方である。だが、現状では自助努力でヨーロッパにたどり着いた人がEU諸国に受け入れられることになる。矛盾である。

後で書くが、九月に入ってまもなく、トルコ西南のボドルムの海岸で、幼いシリア難民の子どもが溺死して浜辺に打ち上げられた。この子の写真にうたれたかのように、ドイツのメルケル首相が難民を受け入れることを表明した。その結果、イズミールには、さらに多くの難民が殺到し始めた。九月下旬になると、エーゲ海は少しずつ冬の様相を呈してきて、海が荒れ始める。そのことも手伝って、バスマネは、一刻の猶予もないと、危険を顧みずにエーゲ海を渡ろうとする人びとで溢れている。九月一三日には、幼児と子ども一〇人を含む三四人が、またしてもボートの沈没で亡くなった。世界は、ドイツに殺到する難民の姿は映しても、この幼子たちのことは、報じなかった。

ウムダ・ヨルジュルック――希望への旅路

一九九〇年に製作されたスイスとトルコの合作映画がある。ドイツ語ではReise der Hoffnungトルコ語ではUmuda Yolculukという。日本では「ジャーニー・オブ・ホープ」という題で公開された。アカデミー賞の外国語映画部門の受賞作品である。トルコから密出国してスイスに渡ろうとする移民たちの姿を描いた映画で、トルコの東南部から財産をはたいてスイスをめざす一家の話である。密航業者に金を払い、船でイタリアに渡り、そこからスイスの山中で悪徳業者に放り出され、雪山をさまようちに遭難するという悲劇を描いている。

ある程度、実話に基づいていて、私も、こういう話は当時よく聞かされた。古い映画だが、今でも借りられるかもしれない。最初にこの映画を観たのは、今から二五年前、トルコの大学に滞在しているときだった。トルコではまったく人気がなかった。不法移民に限らず、出稼ぎのためにヨーロッパに渡る人びとなど下層の人たちだという馬鹿にした雰囲気があったからである。映画館でも時折り笑い声さえ聞こえた。私は、ウムダ・ヨルジュルックの実態を知っていたから涙を抑えられなかった。

この映画ではトルコ人が主人公だが、今眼の前にあるのはトルコ人ではなく、シリア人やリビア人たちの悲劇である。エーゲ海に面している我が家の下の海からも難民を満載したボートが対岸のキオス島をめざす。南のボドルムやマルマリスからはコス島をめざす。そこからフェリーでアテネに向かい、マケドニア、セルビアを抜けてシェンゲン協定の批准国ハンガリーをめざした。シェンゲン協定の国どうしは国境検問を廃止しているから、とにかくハンガリーまで着けば、次はドイツをめざすのである。だが、この「希望への道」は途方もない困難を伴う。

目的地にドイツをあげる難民が多いのは、だいぶ厳しくなったとはいえ、誰であれドイツに対しての庇護の請求を認めているからである。これはドイツ基本法（憲法）の規定で、旧西ドイツが第二次世界大戦後に過去への反省を込めてつくった条項である。庇護権者としての認定には時間がかかるし、基準も以前のように緩やかではないが、それでも、人間的な生活を保障し、住居や食べ物も提供している。

九〇年代の前半に、旧ユーゴスラヴィアで大変な民族紛争がおきた。ボスニア紛争である。このとき、同じヨーロッパだということもあって、やはりドイツに難民が殺到した。セルビアによる虐殺を逃れたボスニアの人びとである。現在はボスニア・ヘルツェゴビナとして一定の独立を果たしているし、状況は落ち着いたので多くは母国への帰還を果たした。しかし、今のシリアやリビアからの難民たちにとって深刻なのは、いっこうに母国の状況が改善する兆しがなく、旧ユーゴでの紛争のようにEUやNATOもいっこうに介入しないことである。

シリアからトルコへの難民の殺到はすさまじい。両国の国境は九〇〇キロにもおよぶ。アサド政権は樽爆弾というおよそ人道のかけらもない残忍な兵器で殺戮を繰り返している。樽爆弾というのは、早い話がドラム缶に大量の爆薬と共に鉄球やコンクリートなど、殺傷力を増すためなら何でも詰め込んで、街中に落とすのである。シリアで空軍力を持っているのは政権軍だけだから、明らかに自国の政府軍が国民を殺すという最悪の状況が続いている。

人権監視団体の計算では、内戦が始まった二〇一一年から一五年の夏までに九九四一発の樽爆弾が投下されたという。アサド政権はこれをテロとの戦いと主張しているが、ここまで残忍な方法で子どもを含む市民の命を奪っていて、テロとの戦いという理屈は成り立たない。北部の主要都市アレッポにもこの爆弾を落とし続けたため、市民は爆弾の発する大音響と殺傷力の強さに怯えきって、トルコとの国境に殺到した。トルコ側は彼らの通過を認めざるを得ない。トルコ側の町にはシリア難民が溢れているが彼らには職があろうはずもなく、ギリシャからドイツへとヨーロッパの先進国をめざすことになったのである。

トルコからギリシャへは大半が海を渡ろうとするが、ゴムボートは転覆の恐れがある上に、風が吹くと波が荒くなるから溺死する人も多い。ある日、ギリシャの沿岸警備隊がゴムボートを沈没させてしまい、トルコの漁民が難民を救助した話が伝えられた。人身売買のブローカーたちは、一人一〇〇〇ユーロ以上で密航を請け負うが、到底、安全な旅などではない。トルコの西の中心都市イズミールの雑貨屋は、今や救命胴衣の一大マーケットになってしまった。

マケドニアもセルビアも難民の奔流に打つ手はなく、ハンガリーは、ついに国境にフェンスを張って難民を阻止してしまった。それでもドイツをめざして突き進む彼らは、ハンガリーを迂回してスロヴェニアなどからオーストリア、そしてドイツに向かっている。彼らには、留まるということができないのである。今は、難民といえども携帯を持っている人も多いから、SIMを入れ替えてフェイスブックやツイッターなどのSNSを利用して、同じ境遇にある人から情報を得ながら進んでいく。

どこから次の国に抜けられるか、鉄道とバスとどちらがいいか、難民登録をどこでするか、ドイツは本当に受け入れてくれるのか、どうすれば難民申請は簡単に通せるのか。期待と失望とを日々繰り返しながら、彼らはヨーロッパの北にあるドイツやスウェーデンをめざす。二〇一四年までは、地中海ルートが、アフリカから溢れ出る難民のルートだったが、二〇一五年になって、シリア難民がエーゲ海ルートを取り始めた。ギリシャ領のコス島やレスボス島は、今やイタリアのランペドゥーサ島とならぶ難民の経由地となった。アフリカのリビアなどから脱出する難民も、決していなくなったわけではなく、シリア難民が急増したのである。

この問題についての報道を見ていて、彼らを「不法移民」ないし「移民」と書くメディアに私は批判的である。これは、ヨーロッパでも日本でも同じである。移民というのは、少なくとも自発的な意志で、より良い生活を求めて国境を越える人を言う。これに対して、難民は民族や宗教、思想信条などを理由に自国に守ってもらうことができず、命を守るために窮迫的な移動を強いられる人を言う。地中海を経てイタリアに渡ろうとした人びとは、リビアやナイジェリアなどアフリカと北アフリカで混乱が続く国から来ている。トルコからギリシャへ渡ろうとしている人の大半は内戦のシリアからだが、なかにはパキスタンやアフガニスタンの人もいる。

私は彼らを移民と呼ぶことに抵抗がある。迎え入れるヨーロッパ諸国の側は、負担が大きすぎるために、できることなら彼らを不法移民ないしは移民とすることで、庇護の責任を回避したい。だから、移民という表現を使うのだが、彼らをまったく受け入れていない日本のメディアまで「移民」と表記する理由はない。英語でmigrantとなっているから、それを単純に日本語に移し変えている。責任を押し付け合うヨーロッパ諸国が「移民」や「不法移民」という言葉を使うのは、欺瞞にすぎない。

難民の奔流を止めるには、リビアにせよ、シリアにせよ、内戦の混乱とそれによって生じている人道の危機を止めるしかない。国連はまったく機能しない。国連難民高等弁務官事務所(UNHCR)は、ことの重大性を理解しているから、これ以上の人道の危機を食い止めるために国際社会の協力を求めているが、いかんせん、安保理が機能しないのでシリア内戦は五年におよんでいる。

最大の障害は、安保理常任理事国のロシアが頑としてアサド政権支持の姿勢を変えないことにある。ロシアは、シリアに巨大な基地を持っている。中東でロシアの橋頭堡となっている国は他にないから、何が起きようと、アサド政権を支援し続ける。この関係は、ソ連時代からのもので、じつは、シリア側が基地を失いたくないロシアを良いようにあしらってきたのである。

私は、紛争解決の手段としての武力行使を支持しない。しかし、このシリア内戦だけは、先に書いた樽爆弾の投下を止めるために、シリア空軍に打撃を与える必要がある。制空権を奪わないことには、安価で殺傷力の高い樽爆弾の投下は続く。それに、もはや反政府勢力側もいったいいくつ武装組織があるのかわからないくらいに増えてしまった。政府軍の爆弾だけではない。どこから誰が撃ってくるかわからない状況のなかで、シリアにとどまることは誰にもできない。

難民が家の前に現れるひと月ほど前、夜中まで原稿を書いていると、後部が覆われた一台の大型バンが家の前を通り過ぎて海の方に向かっていった。夜中は明かりのないところだが、車は迷わずに走り抜けた。翌朝、警察がゴムボートでの密航を企てたとして人身売買のブローカーを逮捕し、難民数十人が沿岸警備隊によって保護されたことを隣人から聞いた。

通報すべきか否か、私は迷いに迷って眠れなかった。通報すれば大枚をはたいて密航しようとする難民たちの「希望への道」は閉ざされる。警察に捕まり、トルコ国内の難民収容施設に送られてしまう。通報しなければ遭難する危険がある。近いとはいえ、対岸のキオス島までは一〇キロ。夏は北風が吹いている日が多いから、難民を満載した小さなゴムボートのエンジンでは流されてしまう。

難民の奔流について世界を目覚めさせる事件が起きた。九月二日の早朝、トルコ西南のエーゲ海と地中海の境あたり、ボドルムからコス島に向かったシリア難民のゴムボートが沈没した。一二人が犠牲になり、うち五人が子どもだった。そのうちの一人がボドルムの浜に打ち上げられた写真が世界をかけめぐったのである。

三歳の男の子は、まるで眠っているようにうつぶせで絶命していた。兄と母も亡くなり、遺された父親は悲嘆にくれた。彼らは、「イスラム国」とクルド勢力のＰＹＤが死闘を繰り広げた

アイラン・クルディ君の悲報を伝える新聞。「世界よ、恥を知れ」

シリア領のクルド地域コバニの出身だった。地元の人によると、その日、波はなく天候も良好でふつうならボートが沈むような状況ではなかった。あいついでコスをめざした二隻とも沈没したことで、業者が最初から壊れていたゴムボートをあてがったのではないかと疑われている。

　大変な反響を呼んだのは、ヨーロッパであった。彼らを不法移民と呼び、保護責任を押し付け合ってきたヨーロッパ諸国は雷に打たれたように、その日を境に、難民受け入れに真剣に取り組み始めた。英国のある新聞など、この男の子の死で英国がようやく良心を取り戻したと書いたくらいである。

　だが、この写真の衝撃も、少し日がたてば薄れ、ＥＵ諸国はまた難民受け入れ数をめぐって争い始めた。それに、難民の多くはドイツをめざしていて、ドイツ以外の国に割り当てられれば不満を抱くだろうし、受け入れた国はいずれ、嫌なら出て行けという態度をとるに決まっている。それにドイツにしても、ついこの前までイスラム教徒に対する反感が高まっていたのだから、今度は難民受け入れから排外主義が高揚する懸念は十分にある。

　トルコの通信社がこの写真をあえてモザイクもかけずに配信したのにはわけがある。一つは、二五〇万人以上の難民を抱えているトルコの人びとは、一〇〇万の難民を互いに押し付け合うEU諸国に怒りを爆発させた。もう一つ。難民を食い止めるには、難民を発生させないようにしなければ根本的解決にならない。しかし、国際社会はシリア内戦を放置してきた。それに対する怒りでもあった。ミッリイエットという新聞はこの写真を一面に掲載し「世界よ、恥を知れ」という見出しを掲げた。

この写真がきっかけになって、世界が難民への対応と、シリアやリビアにおける人道の危機に対して取り組んでくれるならそれでいい。しかし、私はこの写真より前に、膨大な数の瓦礫の下に埋もれた子ども、化学兵器で寝ているあいだに一瞬にして命を奪われた子ども、爆撃で四肢を失った子ども、あらゆる子どもの遺体の写真を見てきた。ボドルムで亡くなった子どもの遺体が、たまたまきれいで、眠るように死んでいたことによってメディアに現れ、それで各国が良心を取り戻す——それがあまりに悲しいのである。

〔追記〕

その後、二〇一五年一〇月から、ロシア軍の空爆が本格化した。一六年の二月上旬からは、北部の大都市アレッポとその近郊を激しく攻撃したため、七万人を超える人びとがトルコ国境に殺到した。だが、トルコ政府はついに国境を閉じてしまい、シリア領内に難民キャンプをつくってNGOに支援させる事態となった。

難民受け入れで欧州はどう変わるのか

二〇一五年九月五日、ドイツのメルケル首相が難民を受け入れると宣言した。英断である。ドイツは、今年一年で庇護権請求者が八〇万人に達するとしていたから、事実上、そのくらいの数の難民を受け入れる覚悟を示したことになる。ドイツは、基本法（憲法）一六条で、世界のどこから来た人でもドイツに庇護を請求することを認めている。したがって、これまでにも難民がドイツをめざすことは幾度もあった。難民は、このことをよく知っている。

今回、ドイツ連邦政府の移民・難民局（ＢＡＭＦ）が公式のツイッターで、ダブリン規定を適用しないとつぶやいたところ、急激にドイツをめざす人が増えたという。このダブリン規定というのは、ＥＵ加盟国にリヒテンシュタイン、アイスランド、スイスを加えた諸国のあいだの取り決めで、難民申請をする人は加盟国のうち、最初に上陸したところで申請することになっている。そこでもし認定されなかった場合、他の国で再度申請することはできない仕組みになっている。

つまり、これを適用しないとドイツ政府が保証したのだから、すでにどこかで申請をしてもドイツでの再申請ができますよというサインになる。もっとも、難民はそんな煩わしいことをせず、途中の通過地での申請をせずに一気にドイツをめざそうとして奔流となった。

私はこのことをもって、メルケル首相を持ち上げたりする気にはならなかった。ドイツが、突然、異なるバックグラウンドを持つ人間を社会に受け入れるとは思えなかったからである。

すでに書いたとおり、九・一一の同時多発テロ事件が起きた二〇〇一年以来、世界はムスリムに対して強い反感を抱くようになっている。ヨーロッパは、なかでもイスラム・フォビア（反イスラム感情）の強い地域である。ドイツでも、つい最近、ヨーロッパのイスラム化に対する愛国的ヨーロッパ市民ＰＥＧＩＤＡが結成されて気勢を上げているところだ。これが、一部の極右によるというのであれば、私はさほど深刻に受け止めない。ドイツ社会には戦後一貫して、排外主義と闘う市民の力があるし、排外主義がネオ・ナチに結びつく限りドイツは決して許さないからである。

しかし、中道右派の勢力が、排外主義者の望むことを引き取って実践してしまうことはよくある。すでに、メルケルのキリスト教民主同盟（ＣＤＵ）にとってバイエルンの友党であるキリスト教社会同盟（ＣＳＵ）は一致して難民受け入れに反対を表明している。南部バイエルン州は、異文化を背景とする人びととの共生に背を向けることで知られている。南部だけではない。前に書いたように、ドイツにムスリム移民・難民が増えることでドイツがドイツでなくなってしまうという懸念を口にする人ならいくらでもいる。ついこの間まで、ドイツにこれ以上モスクはいらない、これ以上ムスリムはいらないと公然と唱えていた市民たちが、急に難民歓迎に傾くはずはない。シリア難民の多くはムスリムなのである。

先走ったことを書くべきでないのは承知している。しかし、八〇万人におよぶシリア難民を地域ごとに割り振って受け入れる場合、南部のバイエルンやシュツットガルトでは、おそらく地元との摩擦が表面化するだろう。逆に、異文化との共存に慣れているベルリンのような都市では、すでに移民や難民が多く暮らす地区に行政側が住居をあてがえば、いわゆる「ゲットー化」が進むことになる。他の市民とのあいだに「壁」がつくられることになりかねない。

今回ベルリンに行って、かつてトルコ人街として知られていたクロイツベルクが、ずいぶん、お洒落で明るい街になっていて、その一方、隣接するノイケルンにはずいぶんアラブ系の人が増えていたことはすでに書いた。ドイツ人だけで住んでいる集合住宅に他の人を入れたがらないから、結果として、シリア難民も、少なくとも当初は、移民・難民の集中する地区に入っていくことになるだろう。ドイツ人たちが、花や差し入れを持って歓迎してくれるのは最初だけということになり、次第に、ドイツ人の視界には入らないゲットーの中に彼らが追いやられる可能性は高い。

メルケル首相が、多くの難民を受け入れることにしたのは、憲法（基本法）の庇護権条項に加えて、ドイツのリーダーシップを今一度世界に示したいという政治的なパフォーマンスもあったと私は思っている。直前、ギリシャの債務問題で、ドイツは、冷酷だとずいぶん批判された。EUの盟主としての評価は傷ついた。それを挽回するために、誰も手を出したがらない難民問題を率先して引き受けたのだろう。

これに対して、英国やフランスはなかなか積極的な姿勢を示そうとしなかった。英国のキャメロン首相は最初千人ぐらいならと言って批判を受け、後に年間に一万人と言い出した。フランスのオランド大統領は難民受け入れを表明したものの、具体的な方策についてはなかなか明らかにしなかった。逆に、デンマーク、ハンガリー、スロヴァキアなどからは、来ないでくれ、キリスト教徒ならいい、トルコに帰ってくれないか、など難民の受け入れにはひどく消極的な発言が目立った。

この種の政府首脳のネガティブなサインとは別に、オランダの排外主義の政治家、ヘイルト・ウィルダースのように、当初からシリア難民の受け入れは「イスラムの侵略だ」とストレートに批判してくるポピュリストもいる。欧州委員会は、EU加盟諸国に人口規模をベースに難民を割り当てようとしている。ヨーロッパ各国で、この種の火の手が上がるのは時間の問題である。

ヨーロッパの排外主義は九・一一以来、新時代に入った。昔のように、人種で差別をしたり、民族で排斥を主張したりすることは少ない。これは法で禁止されている国が多い。憂さ晴らしのために他者を攻撃しながら練り歩くのであれば、罪に問われない方がいいに決まっている。「ヨーロッパがヨーロッパでなくなっていく」「ドイツがドイツでなくなっていく」「これ以上ムスリムはいらない」という主張では逮捕されない。この台詞が、半世紀にわたってヨーロッパに暮らしてきたムスリム移民や難民をいかに傷つけるかなど、忖度されないのである。

私はシリア難民を受け入れようという姿勢を批判しているのではない。シリア人たちが、ドイツをはじめヨーロッパに対して自己主張を始めたとき、ドイツ社会はそれでも彼らを社会の構成員として耳を傾けるだろうか。懸念するのはその点である。チェシメで再会したイスマイルがこんなことを話してくれた。「父が一九六〇年代の後半、初めてミュンヘンに到着したとき、駅には音楽隊が出ていて、歓迎する市民が花をくれた。ところがそれから数年たつと、花ではなく棍棒を持って追い回されたそうだ」。今回、同じミュンヘンの駅で手渡された花が、いつか棍棒に変わらないことを祈るのみである。

ドイツが膨大な難民を受け入れた背景

日本では、ともに敗戦国であるドイツとの比較がしばしばなされる。とくに、歴史認識や戦後社会の民主化についてである。フランスや英国と比較する人が少ないのは、やはり敗戦国同士の比較に意味があるからだろう。戦後ドイツの骨格は基本法（憲法）第一六条の庇護権条項にあり、戦後日本のそれは憲法第九条にあると言えるのではないかと私は思っている。

ドイツは、ホロコーストという人道に対する罪を悔いるために徹底した非ナチ化を進めた。それと同時に、世界のどこにいても、ドイツに対して庇護を求めることができるという庇護請求権を基本法に定めた。日本は、紛争解決の手段としての戦争を放棄した。戦力については、ドイツは戦後すぐに国防軍を復活させた。むしろ西側の軍事同盟の一員として信頼を得る道を歩んでいるから、戦力を保持しないというその戦力に自衛隊が該当するかどうかを議論してきた日本とはずいぶん異なる。

日本政府が、集団的自衛権の容認をめぐって、若者を中心とする多くの市民によって、戦争をする国にするな、という厳しい批判を受けているとき、ドイツ政府は八〇万人もの庇護権請求者を受け入れると発表した。戦後ドイツの背骨のような憲法上のプリンシプルを基に、筋を通す決定をしたのである。

ドイツ基本法第一六a条

一・政治的迫害を受けたものは庇護権を有する

これをドイツ国民に限っていないから、世界中の誰であれ、庇護請求の権利を持つことになる。だが、第一項の次には後に付け加えられた第二項以下があって、煩雑になるから要点だけを言えば、要するに、以下の条件を満たさないとだめですよ、となるべく難民の流入を抑制するための条件が延々と続く。ドイツの場合、日本と違って、基本法(憲法)の改正は難しくないので、社会の変容につれて内容が変わっていく。たとえば、ヨーロッパ共同体の国々や、安全とみなされた国の人には庇護権請求を認めない、非人道的な行為をしている国か否かはドイツが認定するなどの内容が続くのである。

今、ドイツは自国で難民を受け入れる、つまり庇護の請求をする人を一〇〇万人程度まで認めるとしているが、ただちに難民として受け入れるということにはならない。難民かどうかの認定が済むまで、ドイツから退去させることはないが、メルケル首相の笑顔に反して、法律上の手続きについてドイツは厳格なのである。*

彼らが今後、合法的に居住を認められたからといって、ドイツ社会がこぞって難民を社会の一員として平等に接することはないだろう。私がシニカルにドイツ社会を見ているわけではない。過去、半世紀以上にわたるドイツへの移民、とくにトルコやモロッコのように文化や宗教的背景の異なる人びとに対してドイツ社会がとってきた態度からみて、突然、寛容の精神で満たされた社会になることは難しいのである。

ドイツは、移民労働者を受け入れてからも長いこと、彼らを社会の構成員として処遇しなかった。一時的に滞在するという意味でのガストアルバイターという呼び方は最初の労働者が迎えられてから三〇年以上も続いた。ガストはゲスト、アルバイターは労働者だが、ここでいうガストはテレビ番組などで使うゲストと同じでレギュラーではないという意味だった。親しくなったドイツ人からも「ところでいつ帰るの?」と尋ねられることは、彼らにとって苦痛だった。もちろん、尋ねているドイツ人は、京都でいうイケズではない。何気なく尋ねているのだが、はなから外国人がずっとドイツにいることを想定していないのである。

それが二〇〇〇年に近づくころから、もういい加減、ドイツは移民国か、移民国ではないかという不毛な論争をやめて現実を直視すべきだ、という方向にシフトしていった。それで二〇〇〇年に国籍法が大きく変わり、ドイツで生まれ育った子ども世代の国籍取得の要件は緩和された。それまで、父か母、どちらかがドイツ人の血を引いていないとドイツ人になれなかった

＊実際、二〇一六年になって、モロッコ、チュニジア、アルジェリアからの庇護請求は認めない方針を打ち出した。

ので、ドイツの国籍概念は血統主義にもとづいていた。日本も同じである。

そこに、出生地主義、つまりドイツで生まれて（子どもの時に親に連れてこられた人を含む）ドイツで教育を受けていればドイツ人とみなすという方向に変わったのである。これは大きな変化で、ドイツもようやく他民族との共生に向けて一歩を踏み出した。ただし、二三歳満了までに、原国籍かドイツ国籍のどちらかを選択しなければならなかった。

その後、二〇一四年になって、二一歳までに八年間ドイツに滞在するか六年間ドイツで教育を受けたか、ドイツの学校を卒業または職業訓練を受けていれば基本的にドイツ国籍の取得が可能となり、二三歳までにどちらかの国籍を選択しなさいという条件がなくなった。このことで、二重国籍を持つことが可能になったのである。以前も、二重国籍者はいたが、最初にドイツ国籍を取得する際に、トルコならトルコの国籍を離脱し、ドイツ国籍を得られたら、今度はもう一度、トルコ国籍を回復してもらうというやり方だった。

当時ドイツは二重国籍を認めないことになっていた。なにかの手続きで、ドイツの役所から、トルコ側の住民台帳のデータを提出せよと言われると、トルコ国籍を回復したことが記載されているから、それを理由にドイツ国籍を剥奪される恐れがあった。政治の表舞台でのパフォーマンスとは裏腹に、現実は相当面倒くさく、移民にやさしい国でもない。

ドイツ側が次第に外国に起源を持つ人たちを国民として処遇するようになるにつれて、家族の中には難しい問題が生まれた。一つの例だが、第一世代の人は永住権だけで国籍がなく、第二世代はドイツ国籍、もしくは二重国籍を持ち、第三世代は二重国籍もしくは、もう原国籍はいらないからドイツ国籍だけ、というようなことになるのである。これは、家族の一体性を重んじるトルコ人やモロッコ人などムスリムには、なかなか辛い。多くの場合、次の世代の自由を尊重するが、第一世代が高齢化していくなかで、ドイツに住み続けるのか、母国に帰国するのか、言葉には表せない苦悩が移民の家族を覆うのである。

今回、ドイツに殺到した難民たちも、遅かれ早かれ、この問題に直面することになる。メルケル首相は、庇護権請求者を受け入れると言っただけで、難民定住から就労、国籍取得までのプロセスを変えるとは言っていない。ふつうは、滞在許可から永住権、そして国籍取得と進むのだが、各々、審査があるからとても簡単な手続きとは言えない。

ドイツはかつてトルコから、かなりの数の庇護請求を受け付けた。とくに、一九八〇年代から九〇年代にかけて、トルコでクーデタが起きて多くの労働運動の活動家、学生、イスラム指導者、クルド分離独立運動の活動家などが弾圧された。その時期にはすでに労働者としての移住は認めていなかったが、彼らは庇護権者としてその後もドイツに住み、国籍を取得した人も多い。

イスラム指導者の中には、トルコでカリフ国家の樹立を宣言したジェマレッティン・カプランもいた。彼はケルンでカリフ国家の樹立を宣言したが、当時、誰も相手にしてくれなかった。過激派としてトルコ政府が引き渡しを要請してもドイツは拒んだ。彼が亡くなって息子が跡を継いだ後、不正送金を理由に、政治犯ではないということにしてトルコに送還した。時代の移り変わりとともに、庇護権の認め方も変わったのである。

シリア難民の中にも、イスラム指導者やジハードの戦士が必ずいる。アサド政権側の兵士や自由シリア軍に参加した人もいるだろう。ドイツは、途方もない数の人びとがシリアでどういう状況にあったかを逐一調べるだろうが、ドイツに過激なイスラム主義者の拠点ができる可能性は高い。すでに、モスクやイスラム団体なら無数にある。そこに、洗練され、かつ確信したイスラム主義指導者が加われば、そこから中東での武装闘争に流れていく若者を生み出すことになるだろう。

危険と見て、ドイツの庇護権を与えなければ、どこに送還するというのだろう。トルコは必ず拒否するし、シリアに帰還すればふたたび内戦に参加していく。他のイスラム圏諸国にいけば、そこで武装闘争の戦士となるかもしれない。外に出しても危険、内にとどめても危険。ドイツは非常に難しい選択を迫られることになる。

ドイツがＥＵの大国として責任を果たそうとしていることは、そのとおりだと思うのだが、国内には強い異論もある。それでもなお、保守派のメルケル首相が難民受け入れを決断するには、それなりの戦略がなくてはならない。考えてみたのだが、膨大な数のシリア難民の中で、トルコからギリシャに渡り、陸路でマケドニア、セルビア、ハンガリー、オーストリア、ドイツにまでたどり着ける人は、それだけの資金を持っている。つまり、もともとシリアの都市部の中流より上の層の人たちということになる。

シリア人の懐というのは留学していた三〇年前にもずいぶん驚かされたのだが、徹底した現金主義。現金といっても外に出たら使えないシリア・ポンドではなく、外貨か金（ゴールド）である。当時も、政府の公定レートが悪いので闇の両替屋をよく使ったが、金屋（金のアクセサリーなどを売っている）が多かった。金というのは、本物である限り、世界中のどこでも売り買いができるし、身につけておけばいいので、銀行になど預けずにじゃらじゃら金の腕輪をしている女性など、歩く銀行そのものである。

ドイツまでたどり着いて、所持金を使い果たしてしまう人ももちろん大勢いるだろうが、なかには少数とは思うが、かなりの金を持って、あるいは外国の銀行にすでに預金を持っている状態でドイツに入国する人たちもいる。こういう人たちは、可能な限りドイツ政府の支援を受けつつ、頃合いを見て商売を始める。ことによると、即座にシリア料理のレストランを開き、ビジネスに乗り出す。ドイツ人を雇用することなど朝飯前である。

言葉もできないのに、どうやってと思われるかもしれないが、シリア人というのは商売には、並外れた能力を持っていて、必要なドイツ語などすぐに覚えるだろうし、そもそもドイツ人に限らず、すでにドイツにいるトルコ人やパレスチナ人を雇えばよいのである。

若いシリア人は、高度な教育を受けることを切望している。イズミールで出会った若者たちは、自由を得ることと質の高い教育を受けたいと口々に語っていた。彼らは、すばやくドイツ語を習得して、大学や専門学校をめざすだろう。半世紀前、トルコの地方都市や農村からドイツに向かったトルコ人たちは、ほとんど熟練を必要としない職種に割り当てられていった。他の選択肢はなかったのである。

第二世代以降になって、ようやく大学に進む人が増えてはきたが、大変な苦労を重ねた。しかし、シリア難民の若者たちでドイツまでたどり着けたとすれば、母国においてもそれなりの暮らしをし、教育を受けていた層が多いはずである。彼らはドイツ社会への統合も難しくない。
言葉は悪いが、トルコからギリシャ、そしてドイツまでのあいだに、難民たちは篩いにかけられている。ドイツに定住した後、ドイツの社会福祉の世話にならず、自立して納税者となってくれる可能性を持つ難民が大勢いることになる。そうだとすると、ドイツがいち早く手を上げて、しかも八〇万人もの庇護権請求者を受け入れると宣言したのは、難民の中で上昇志向の人たちを掬い取ろうという戦略もあったのではないかと思う。

膨大な数の難民の庇護権を認定するかどうか、そのプロセスでドイツ政府は難民の個人情報を集める。もちろん、本当に難民かどうかを審査するには時間がかかるので、その間は、小遣い程度とはいえ現金を給付し、居住のための場も提供しなければならないから、相当の負担であることには相違ない。だが、将来的に、ドイツにとって必要な人材を確保するためのチャンスにもなる。

他のEU諸国は、軒並み、難民受け入れに後ろ向きだから、先に手を挙げたドイツが難民を優先的に選別することができる。先に良い人材を取っておいて、あまり居てほしくない難民を他国に回してしまうということが起きるのではないだろうか。もちろん、そのようなことをすれば、他のEU諸国から不満が出ることは間違いない。それに、当のシリア難民たちは、ほぼすべてがドイツに行きたいと念願しているのに、他の国に割り当てられれば、不満を爆発させる危険もある。「メルケル首相が来ていいと言ったのになんだ！」こういう怒りが渦巻くことは明らかである。

メルケル首相が難民を歓迎すると宣言してから一週間後、ドイツのデメジエール内相は一時的措置としてオーストリアとドイツとのあいだで国境検問を行うと発表した。ドイツの南の玄関、ミュンヘンでの受け入れキャパシティを超えたというのである。だが同時に、内相は「難民には受け入れ先を選択する権利はない」と明言している。

もしも、ドイツ政府が最初から、これだけ膨大な難民を受け入れる以上、ドイツに資する人材を受け入れようとしていたのであれば、非常に賢い手を使ったことになる。以上ここに書いたことは私の推論にすぎない。だが、下手をすると国民の反発から政権がひっくり返っても仕方ないほどの難事業に取り組むにあたって、人道主義だけを掲げて乗り出すとは、どうも私には思えないのである。難民を選別したうえで、ＥＵ諸国に割り当てる。ちょっと背筋が寒くなるストーリーになってしまった。

［追記］

その後、メルケル首相は何度も苦境に立たされた。二〇一五年の大晦日、ケルンをはじめいくつかの都市でひどい事件が発生した。難民申請中の男性たちが多く含まれる集団が、女性に対する暴行や強盗事件を起こしたのである。胸の悪くなる犯罪であり、当然のことながら厳正に処罰されなければならない。なかなか事件の全容は明らかにならなかったが、モロッコやアルジェリア出身の庇護請求者が含まれていた。

メルケル首相は直ちに、これらの国からの庇護請求を認めず、送還する意向を示した。実際、モロッコ、アルジェリア、チュニジアなどからの庇護請求には無理があった。客観的に見て、これらの国でひどい人権弾圧が行われているとは言い難い。多くは、経済的な上昇を求めてドイツに渡ったので、経済移民と言われても仕方なかった。

ドイツ社会の側では、難民排斥の声が高まった。単身で来た難民には公営のプールの利用を禁じる措置をとる自治体も出てきた。難民にイスラム過激派がまざっているのではないかという懸念に加えて、なんと、今度は痴漢がまざっているのではないかという懸念が強まったのである。

アルジェリアやモロッコから渡った人びとが、どうせ難民認定の可能性は低いと見て暴行で憂さ晴らしをしようとした可能性は否定できない。だが、この不埒な行為によって、多くのシリア難民にまで疑いがかけられ、だから難民なんて受け入れるなという声につながってしまった。それでもなお、メルケル首相は怯まずに、受け入れの方向を堅持しているのだが、彼女の政権がどこまで持ちこたえることができるのか、二〇一六年二月の時点ではわからない。

ムスリムの覚醒が続くヨーロッパ

ヨーロッパの国々には多くのムスリムが生活しており、イスラムが第二の宗教の地位を占める国も増えた。だが、どの国でもホスト社会とムスリムとの関係は、なかなかうまくいかない。言うまでもなく、二〇〇一年の九・一一同時多発テロをきっかけに、隣人であるムスリムが危険な人間ではないかという疑いが高まったことが一つ。そして、ヨーロッパ在住のムスリムの方が、なかなかホスト社会の価値を受け入れようとしなかったことがもう一つの原因である。だが、そこにはもう一つヨーロッパ諸国の異文化とのかかわり方を考えておかねばならない。

フランスは、ライシテという独特の世俗主義の原則を持っているから、ムスリムが公的領域にイスラムを持ち込むことを許さない。フランスにとって、これは譲れない原則である。もう一つ。フランスは外国人であっても、フランスの価値や原則を受け入れるなら、個人としてフランス市民に受け入れる。逆にモロッコ系とかアルジェリア系というように、出身国や民族ごとにコミュニティを持ちながらフランス社会に参加することを許さない。逆に言えば、ライシテという「踏み絵」を踏むならアルジェリア人としてでもモロッコ人としてでもなく、一個人として仲間にしようということになる。だが、「踏み絵」を踏むことを拒絶すると、フランス社会からは厳しい反発を受けるし、スカーフの禁止のように、罪に問われることになりかねない。

それに対して、英国の場合は、コミュニティの形成は自由だし、信仰を公的な領域で表に出したとしても罪に問われることはない。移民や難民の文化や信仰の自由が高度に保障されている。そのために、コミュニティごとに集住することも自由だが、逆に社会の中で孤立していく可能性は高い。宗教については率直に言ってかなり過激な思想の持ち主であっても、自由が保障されている。英国に対してムスリムの権利を主張することはよくあるから、ムスリム以外の市民からすれば、いい加減にしろという反発がおきる。

二〇〇五年のロンドン同時多発テロ事件は、この国の自由を根底から問い直すきっかけになった。それでも、移民をコミュナルに統合しようという基本的な政策を変えたわけではないので、信仰との関係で言えば、ヨーロッパの中でもっとも自由である。

ドイツの場合、世俗主義は弱い。メルケル首相の政党がキリスト教民主同盟を名乗っていることからわかるように、政治の舞台で「キリスト教」を名乗ることは問題とされない。したがって、フランスのように、国家は非宗教的でなくてはならないという原則をもとに、ムスリムを疎外するメカニズムはない。そのかわり、ドイツはキリスト教の国だと認識する人は、今でもかなりいるから、キリスト教の国にムスリムが増えるのは嫌だという方向で反イスラム感情が高まる。

結果として、どの国にも過激なイスラム主義に傾斜する若者が出てくるようになった。過激でなくても、移民の世代が代わるにつれて、イスラムの信仰に回帰していく人が増えた。このことは、受け入れた国々をひどく苛立たせた。フランスは、啓蒙したはずなのに、なぜ宗教に戻るんだと怒り、英国は自由を保障してやったのにテロを起こすとは何だと怒り、ドイツでは、もうムスリムの顔は見たくないと怒るのである。

ムスリムの側からすれば、フランスは宗教に敵対的にしか見えなかった。一度、ムスリムとして再覚醒した人にとって、公共空間は非宗教的でなければならないというフランスの原則はまったく理解できない。そこをフランス側に追及されるから、どんどんフランスから離れていってしまうのである。こうなると、もはやパラダイムの違いとしか言いようがないのであって、両者を接近させることは不可能なのである。

では、衝突は不可避かと言えば、そうではない。イスラムには異教徒の中で暮らす場合の妥協の仕方について法的な規範があるから、要は、敵だとしても一種の「講和」を結べばよいのである。しかし、フランス共和国に居る限りはうちの原理・原則に従えと言い張るなら（当然のことなのだが）、共生は無理である。

英国でも宗教的な保守化が進んだが、これはコミュニティの中に閉じこもってしまったことが原因である。ムスリム以外の市民が気づくことはないが、実際、英国は世界中の宗教のデパートのような社会であり、ありとあらゆる宗教家と信徒がいる。ムスリムは大きなコミュニティだが、パキスタン系なのか、イラン系なのか、スンニー派かシーア派か、それとも、どちらからも異端視される別の宗派なのか、あまりに細分化されているのでよくわからない。そのうえ、民族的なコミュニティを尊重するから移民街の中で生活するのは、とりわけ新たに来た人にとっては楽である。

ドイツは、乱暴な言い方をすれば、「居てもいいけど、居場所はないと思うなあ」という態度が移民たちのアイデンティティとしての信仰への回帰を招いた。九〇年代にドイツで調査をしていると、ドイツの研究者が二言目には、移民の第二世代はドイツとトルコという二つの文化のはざまに落ちてしまい、アイデンティティ・ロストの危機に陥ると説明していた。私は、そんなことはあるまいと懐疑的だった。いつまでも、そんな宙ぶらりんの状態で若者達が鬱屈した日々を送るというのは、ドイツの社会学者や心理学者が好きそうな話だったが、現実とはかけ離れていた。

移民街はいろいろ問題の多いところだったから、そこで移民の若者が犯罪に手を染めると決まって、アイデンティティ・ロストに結び付けられたのである。だが、若者たちは学校には馴染めずやめてしまう人も多かったが、自分が何者として生きるかについては真剣に考えていた。その中から、一定の比率、それも結構高い比率で、イスラムの道に向かうことで自己を確立しようとする人が登場したのである。

九・一一以降は、イスラム・フォビアそのものが、いわば燃料になってしまい、ムスリムとしての再覚醒を加速していった。こうして、どの国でも移民たちは若い世代ほど、確信的なムスリムになる人が増えていったのである。ヨーロッパ社会の側は、自分たちのせいで移民が改めてイスラムに覚醒したとは思ってもみない。まして過激派を生んだのはホスト社会にも原因があるなどと認めたくない。そのため、軒並み、過激派の説教師に洗脳されたに違いないと思い込んでしまうのである。路上でやんちゃしている若者たちが、簡単に洗脳されたりはしない。警察との衝突、親との摩擦に疲れてしまった少年たちが、それまで馬鹿にしてつきあわなかったガチガチのイスラム少年と出会って、ホッとしてしまい、ムスリムとしての再覚醒が始まることはある。洗脳というのではなく、自ら疲れを癒やしにイスラムの信仰に傾斜するのである。

ヨーロッパの方は国によって、移民の若者たちにムスリムとしての再覚醒を促した理由が違う。しかし、結果として再イスラム化の方向に進んだ点においては、ヨーロッパ共通の現象になった。このために、ヨーロッパ諸国は、自分の国に責任があるとは思わず、先進的なヨーロッパに背を向けるのは「イスラム」という宗教に内在的な問題があるからだと思い込んでしまった。このことは、一九九六年に出版した『アッラーのヨーロッパ』(東京大学出版会)という本で書いたのだが、当然のことながら当時はまったく注目されなかった。

今回の旅で、その後の変化を見てきた。まだきちんと証拠を集めていないから断定的なことは言えないが、一定の割合で、ムスリムとしての再覚醒は続いているように思う。だが、すでに親の代が第二世代になっているため、彼らが再覚醒を経ていると、その子、つまり三世代目というのは、親の既定路線が信仰への精進なので、再度、そこから遠のくケースもある。第二世代が世俗的なムスリムの場合は、もうアイデンティティがどうのこうのという話には飽きているところがあって、子どもの自由にまかせるから、むしろこの方が過激派に吸い寄せられるのではないかと思っている。

当然のことだが、「イスラム国」に参加する若者が増えたことは、すべてのヨーロッパ諸国のムスリム移民に衝撃を与えた。学校、政府、地域社会が、こぞってムスリムの若者に疑いの目を向けるし、監視は強化されている。そういう状況では、再覚醒疲れというか、信仰精進にも疲れが出てきているかもしれない。「イスラム国」は、まじめに信仰の道に進もうとしていた若者にとって、ひどく邪魔な存在である。こんな道に踏み込んだら人生おしまいだということぐらい、少年、少女にもわかる。そちらに引き込まれる知人や友人が出てくると、その反動で、信仰の道はやめておこうという若者たちも出てくるのである。

だが、シリア難民にせよパレスチナ（ガザ）の状況にせよ、中東での人道の危機は深刻化の一途をたどっている。ヨーロッパの若いムスリムは、同胞の惨状、とりわけ幼い子どもたちの悲劇に激しい怒りを覚えている。そのマグマはネット上の子どもたちの死体の写真によって噴火し、それを「イスラム国」のプロパガンダ動画が煽るなら、彼らは戦士として参加する道を選ぶ。今のヨーロッパでは、この二つの流れが並行している。

トルコのイスラム復興は限界に達したか

中東・イスラム世界でイスラムの復興ということが言われるようになったのは、九・一一の遥か手前、一九八〇年代である。イランではイスラム革命（一九七九年）が起き、エジプト、シリア、トルコなど、かなり世俗的な人が多かった国で、イスラムの道に精進する人が増えたのである。

スカーフやヴェールを着用する女性が増えたので、外見でもそれがわかるようになった。スカーフやヴェールがイスラムのシンボルだというのではない。だが、イスラム的な規範に従う行動であることは確かだから、そういう人が増えたことの証左にはなる。ラマダン月の断食の務めをまもる人も増えたし、モスクに集い集団礼拝に参加する人も増えた。もともとムスリムが多数を占めていた中東・イスラム世界の国々では、国家の側が、市民の再イスラム化を恐れた。多くの国がイスラムとは距離を置くことで近代国家になろうとしていたからである。

イスラムの復興が爆発的なかたちで起きたのはイランだった。当時、中東の多くの国はイランのような革命が輸出されて世俗的な政権が崩壊することを恐れた。サウジアラビアのように、表向き、イスラム国家の代表のような国でさえ、統治の正統性に疑いをはさまれることを恐れた。エジプトではサダト大統領がイスラム主義の過激派に暗殺され（一九八一年）、シリアではムスリム同胞団とアサド政権（一九八〇年代は今のバッシャール・アサドの父親の政権）がはげしく衝突し（一九八二年）、厳格な世俗主義を国是としてきたトルコでも、イスラムが政治の表舞台に出るようになり軍がクーデタで鎮圧した（一九八〇年）。

ヨーロッパで暮らしていたムスリムのあいだにさえ、信仰実践に励む人が増え、英国、フランス、ドイツ、オランダ、オーストリア、スイス、およそムスリムが暮らすどの国でもモスクが急速に増え、イスラム組織が急増した。それにともなって、ホスト社会からの反発も強まった。

反発というのは、なぜ二〇世紀も末になって宗教にしがみつくのだろうという世俗的な人びとからの反発もあれば、先に書いたドイツの事例のように、キリスト教のヨーロッパにムスリムが増えるのは嫌だという反発もあった。親による強制的な結婚はムスリムの悪しき慣習としてヨーロッパのメディアが好んで取り上げる素材となり、極端な話では女子割礼を挙げてムスリムを批判的にとらえることさえあった。

だが、これらはムスリム社会に残るパターナリズムに主たる原因があるのであって、イスラムの規範によるものとは言えない。こういう批判にさらされるにつれて、ムスリムは自分たちの信仰とはなにかをあらためて学び、ヨーロッパ的な世俗主義から遠ざかるようになった。確かに一九八〇年代に入って、世俗的だったムスリムが再度、イスラムに回帰していく現象は広範に見られたのである。

二〇一五年、ヨーロッパからトルコを旅しながら感じたのは、このイスラムへの回帰にそろそろ限界が見え始めたのではないかということである。イスラムに回帰する人びとが減ったとは思わない。一定のところで再生産されてはいるのだが、一九八〇年から二〇〇〇年ぐらいまでの勢いは失われているように思う。ところが、近年になって、再イスラム化の動きは一方で停滞し、他方で暴走し始めているように思える。

ムスリムの世界において世俗主義圧力がもっとも強いトルコで、二〇〇二年にイスラム主義志向の強い公正・発展党（ＡＫＰ）政権が成立したことは驚きだった。国民のあいだに、ムスリムとして信仰実践を抑圧されることを嫌い、世俗主義に反対する動きは目にみえて強まっていた。国民の半数近くがその方向に傾斜したことで、もはや軍も抵抗できなかった。民意によって再イスラム化を進める方向に進んだのであるから、これは一種の民主化であり、その意味では私も好感を持って受け止めた。

だが、そのトルコは国内的にはイスラムを政治の舞台で活性化させることなど忘れたかのようである。エルドアン大統領は強権化し汚職疑惑の批判を受けている。再イスラム化の実現は、政治課題として背景に退いた感がある。初期の公正・発展党政権は、世俗主義の国からイスラムの国へつくりかえるという強い意志が感じられたが、それでいてイスラムを上から押し付けることはせず世俗派の人びとの不安を解消しようと努力した。経済政策は実質的で、それまで借金まみれだったトルコを再建し、ＩＭＦからの融資を完済した。経済成長は高いときで一〇％

台を実現し、トルコは目にみえて豊かになった。その結果として国内の経済格差は広がり、底辺層と中間層の格差は大きくなっているが、それでも、公正・発展党政権のあいだに、車や近代的な住宅を取得した人は急増したし、教育水準は画期的に向上した。

一方、公正・発展党政権は、対外的にはイスラム的な価値を強調し、弱者の立場に立った。パレスチナのガザを封鎖するイスラエルに対して、非常に強く非難を繰り返しているのは、NATO加盟国のトルコである。エジプトで「アラブの春」の結果、ムバラク政権が倒れ、ムスリム同砲団の支持するモルシーが大統領に選ばれたとき、民意による初めての政権の誕生をよろこび支援を惜しまなかったのもトルコである。一年もたたないうちに、国防相だったシーシーがクーデタを起こし政権を奪取すると激しくこれを非難した。その一方で、エジプトでテロ組織にされてしまったイスラム組織のムスリム同胞団をかくまっているのはトルコである。

しかし、トルコは国際社会から孤立してしまった。クーデタなど良いはずがないし、軍事政権を批判する多くのエジプト市民がテロリストにされ、投獄されたり、殺害されたりする事態を看過して良いはずもない。だが、一度は冷淡なそぶりをみせたアメリカでさえ、今ではエジプトの政権を支え、イスラエルにいたってはシーシー政権ならガザの封鎖に協力してくれるというので大歓迎である。折から、「イスラム国」のような凶悪なイスラム主義集団が台頭したことで、国際社会はイスラム主義が力をもって国家の運営に乗り出すことに強い拒絶反応を示すようになった。

対「イスラム国」軍事作戦に非協力的だとして、トルコは非難された。トルコが「イスラム国」に対して甘いと見られたのは、それなりの理由がある。シリアと地続きのトルコには、「イスラム国」やヌスラ戦線をはじめ、過激なイスラム主義の武装闘争を続ける組織のメンバーがいくらでも出入りしている。それを片っ端から捕らえて投獄すれば、ひどいテロが起きることは明らかだった。それにシリア内戦を逃れてトルコに流入する人びとがあまりに多い。国境を閉鎖することはできるが、それをすればシリア側で立ち往生した人びとは、アサド政権軍や「イスラム国」に殺されてしまう。そんな非人道的な措置は取れないし、九〇〇キロにおよぶ国境を管理することも不可能である。

だが、それ以上に、トルコ国内には数百万の単位で「イスラム国」にシンパシーを覚える国民がいるのである。「イスラム国」にある種の理想を見出している人たちだが、彼らは今のムスリム世界は堕落していると思えばこそ、「イスラム国」に夢を託しているのである。いや、トルコだけではない。パキスタンやマレーシアでも「イスラム国」に同調する人は、決して少なくないのである。

二〇一四年、イラクの北部モスルが「イスラム国」の手に落ちたとき、トルコの総領事館員四六人が「イスラム国」に拉致された。トルコ政府は、後に彼らを全員救出することに成功した。「イスラム国」とのあいだに一定のパイプがなければ、そのようなことをできるわけがない。トルコの諜報機関はシリアやイラクにも入って綿密な情報収集をしている。トルコは自国への脅威が明白となれば決然と戦う。だが、テロリストとは一切交渉しないと大見得を切って国民を見殺しにするようなことはしない。これをもって、「イスラム国」に甘いと非難するのは、私にはお門違いのような気がする。

いまや、「イスラム国」問題は世界を震撼させている。ヨーロッパ各国から少年、少女まで戦闘員や戦闘員との結婚のためにシリアに入った。これが異常な事態であることは言うまでもない。ヨーロッパのムスリム移民社会（改宗ムスリムもいる）の中に、極端な再イスラム化の傾向があることの延長線上におきたことである。今後も、そういう若者は出るだろうが、トルコは空港などの国境管理を厳格にしたので、トルコからシリアに密入国した人はトルコへの再入国ができない。ヨーロッパ側でも大騒ぎになったので、シリアへ渡航しょうとする若者への監視は軒並み強化されている。

「イスラム国」だけが危険なわけではないのだが、「イスラム国」の行動の異常さは、ムスリムにも影響を与えた。一部にシンパシーを引き起こし、ジハードの戦士になりたいという願望を刺激したのだが、逆に大半のムスリムには嫌悪を引き起こした。自分の家族がそんなことになっては大変だと思うと、イスラムの政治化に対してネガティブな反応を引き起こす。ここでは、イスラム主義という言葉を、政治の舞台でイスラムを実現しようとするイデオロギーとして使っているが、それが危ないのではないかという不安と懸念を抱き始めたムスリムも増えている。

トルコのような国では、イスラム主義をとっていたはずの政治家たちが、一つは権力を持ちすぎたことによって堕落し、イスラム主義はもはや口先だけのものになってきた。市民の側も、個人としての信仰実践は続けるものの、イスラムが政治に出てくることから背を向けるのではないだろうか。エジプトの市民は、内心、クーデタ政権を批判的に見ていたとしても、ムスリム同砲団に近いなどとみなされたら捕まるし、悪くすると投獄され、死刑判決さえ受け兼ねない。イスラムの信仰は、その本質においては政治も含めてイスラム的に正しくなければならない。政治家がイスラムを都合よく利用し、イスラムのある部分だけは適用しない、などということはあり得ない。

だが、とことんイスラムを追求するなら、カリフを戴くことも必要になるし、イスラム法に従って統治しなければならない。それをすれば、ムスリムや異教徒への無慈悲で苛烈な抑圧や暴力になるのは必然だというのではない。もっと寛容な統治も可能なのだが、「イスラム国」が異常な暴力性を示したために、ムスリムの中には、イスラムを政治にまで反映させるのは危険なのではないかと思う人びとも増えた。

信仰によって心の平安を得ることは確かだから、その意味で、ムスリムが自分をみつめなおして信仰実践に励むことはこれからも続く。しかし、先鋭なかたちで政治化しうるイスラム復興運動への熱意は、国家の単位では失われ、個人の単位では割合は小さいものの継続されることになるだろう。

パリ同時多発テロの衝撃

二〇一五年九月の下旬、京都に戻った。半年にわたる旅は終わったのである。この半年のあいだに、中東とヨーロッパの秩序は崩壊に向かった。こんなことになるとは思わなかった。シリア内戦は、途方もない数の難民を生み出し、内戦による権力の空白に「イスラム国」が伸長し、アメリカを始めとする有志連合軍は、これを壊滅するとして空爆を繰り返した。

私が帰国した後、事態はさらに悪化し続けた。シリアがロシアに対して「集団的自衛権」の発動を求めたかたちとなったのである。一〇月になると、ロシア軍が公然とシリア内戦に介入し、アサド政権を支援し始めた。ロシア政府は、自分たちがテロ組織と戦うためにシリアに軍事支援をすると宣言したが、その後、ロシア軍が空爆しているのは主にアサド政権に抵抗する反政府勢力の支配地域であることが次々に露呈していく。

ロシアが鷺を烏と言いくるめることは珍しくない。この国は、一度決めた判断に躊躇することはないから、徹底した空爆でアサド政権の息を吹き返らせ、和平交渉を有利に進めようとしている。しかし、アサド政権の空爆から逃れた人びとにとっては、たまったものではない。なにしろ、シリア内戦で空軍力を行使しているのは、アサド政権軍とロシア軍だけなのである。米軍とその有志連合軍も空爆をしているが、こちらは「イスラム国」しか叩かないから、難民を生み出しているのは、主としてシリア軍とロシア軍の方である。

一〇月一〇日にはトルコの首都アンカラで一〇〇人を超える犠牲者が出る自爆テロが起きた。犯行は「イスラム国」によるものとされたが、真相は不明である。トルコ東南部で続くクルド系武装組織（ＰＫＫ）と政府軍の戦闘をやめさせようという平和集会を狙っているから、「イスラム国」犯行説というのは、いささか牽強付会の感があった。

直後の一一月一日にはトルコで再度総選挙が実施され、エルドアン大統領率いる公正・発展党（ＡＫＰ）が圧勝した。六月の選挙で敗北した与党は復活したのである。六月の選挙から三か月のあいだに、トルコはＰＫＫとの戦闘で大混乱に陥った。国民は内戦に陥るのではないかと不安になり、東南部は、実際、内戦のような混乱状態となった。

中東の人びとの政治に対する思いには、一つの傾向がある。一日の無政府状態よりも長年の圧政の方がましだという志向である。再選挙での与党の圧勝は、国民の安定志向を如実に物語るものであった。大統領のエルドアンは、まるでスルタンかカリフにでもなったかのように、周辺のスンニー派諸国から再選を歓迎された。

実際、スンニー派のアラブ諸国から見れば、ろくでもない自称カリフを戴く「イスラム国」よりも、どんなに強権的で民主化を押し潰そうが、エルドアン大統領がトルコをしっかり統治することが望ましい。イランは、核開発問題でアメリカなどと合意を取り付けたことで経済制裁を解除され、さかんにシーア派の盟主として中東各国に影響力を拡大しつつある。人口でいえば、シーア派というのは世界のムスリムの一割程度と言われているが、九割を占めるスンニー派諸国は、混迷に陥るばかりでシーア派に押されっぱなしになっていた。

スンニー派アラブの大国サウジアラビアは、大巡礼の月のあいだに二度も大事故を起こして一〇〇〇人を超す巡礼者を死なせてしまった。この国は、世界のムスリムに対して、聖地の守護者としての責任を果たさねばならない。にもかかわらず、巡礼者を守れないのでは、権威は失墜したと言われても仕方ない。イエメンに軍事介入を繰り返しても、イランが支援するフーシ派を抑えることさえできない。サウジアラビアの求心力が目にみえて低下していくなかで、スンニー派の諸国はトルコを頼りにせざるを得ない状況となっていた。

一一月一三日には、「イスラム国」によってパリで再び凄惨なテロが起きた。このテロは、それまで「イスラム国」が起こした暴力とは異質な性格を持っている。そのことをここで少し書いておきたい。ひと月とはいえ、自分が暮らした街でこれだけ冷酷なテロが起きたことに、「イスラム国」の残虐性を軽視すべきでないという思いを新たにした。*

パリの同時多発テロは、九・一一とも違っていた。フランスという国家に対する強い憎悪によってターゲットを選んでいないからである。二〇〇四年のマドリードでの同時多発テロや二〇〇五年のロンドン同時多発テロのように、市民を標的にして恐怖のどん底に突き落とすものではあったが、あの時は、イラク戦争に参加した国家への敵意というものをテロの原因として想像することが可能であった。連続テロが起きたパリ市の東部には国家権力を象徴するような施設はないし、富を象徴するような店もない。ライブハウスやカフェを狙った無慈悲な無差別殺人には、どうしたらこれほど残忍な行為を実行できるのかという深い闇を感じるばかりであった。

報道から得られる情報しかないが、テロは「イスラム国」(「イスラム国」)によるもので、計画はシリアで練られ、ベルギーで武器や車を調達し、パリで実行されたとヴァルス仏首相は事件直後に発言した。パリでも、犯行場所の選定や手順についてのコーディネーションをした人物の下に、実行犯たちが集められたようである。マドリードやロンドンの事件との違いは、爆弾を使った自爆よりも銃の乱射による犠牲者がはるかに多かった点である。

「敵」としての市民への憎しみも想像しがたいものがあるし、この殺戮を成し遂げれば「楽園」が約束されるという馬鹿げた教説だけを拠り所に犯行におよぶという彼らの行動様式から見ても不可解であった。銃を乱射していくことに、何の躊躇もなかったとすれば、それは心の闇の問題というよりも、ヴァーチャルなゲームで引き金を引いているような無邪気な幼児性すら感じた。

このテロをグローバル・ジハードの一つととらえ、ホーム・グロウン・テロリストによる仕業と説明する人もいたが、私には虚しく響く。なぜフランスで、なぜパリで、なぜごく普通の

＊以下は岩波書店『世界』二〇一六年一月号掲載の論文「ムスリムの分断を狙ったパリ同時多発テロ」前半部に加筆。

市民が集まる場所を標的にしたのか？——これらの問いに何一つ答えるものではないからである。事件後、さまざまなメディアの取材を受けるなかで、論理的に答えることができないもどかしさを感じていた。

ターゲットを選ぶ根拠すら薄弱なままで残虐性のみ際立つことを前提にすると、このテロには「イスラム国」らしさが発揮されたとも言える。では逆に、その「イスラム国」らしさとはなんだろうかと考えてみる。「イスラム国」は自分たちと「他者」を分けて、「他者」を敵として消滅させることを主張し、実践してきた。イラク北部のヤズィーディに対する虐殺や奴隷化もそうであるし、シーア派に対する、あるいは無神論者のクルドに対する惨殺もそうである。「イスラム国」の敵意は、スンニー派にも向けられるが、この場合は当然のことながら「派」に対して向けているのではなく、自ら偶像崇拝者となった者をはじめ、そのなかで信仰の道から外れた人間を背教者として断罪するのである。

私は、テロ事件からまもなく「イスラム国」が出した「犯行声明」の意味がわからなかった。この組織らしく、コーランの章句を前後に配置して、あとは自分たちに空爆を仕掛けるフランス、我々の預言者を侮辱し続けるフランスを、不道徳で溢れるパリという都市を自分たちの戦士が攻撃して成功したと言うのである。しかし、そこには、目標となったフランスへの強い憎しみは感じられなかった。フランスを敵とすることへの明確な意志が感じられなかっただけでなく、テロを起こした当事者でなければ知りえない、一種の「秘密の暴露」にあたるものも含まれていない。報道をみながら書いたとしても、この程度のものをつくることはできる。

パリが不道徳な都市だというなら、ドバイもイスタンブールもロンドンもアムステルダムも不道徳な町であるし、「イスラム国」を空爆しているからというのなら有志連合を率いるアメリカ、激しい空爆を開始したロシアも同じである。預言者への侮辱がシャルリー・エブドを指しているのは確かだが犯行現場の近くにシャルリー・エブドの社屋があったにもかかわらず、そこには攻撃をしていない。

フランス各紙の記事には、サッカー・スタジアムでフランスとドイツの試合が行われており、オランド大統領やドイツのシュタインマイヤー外相が観戦に訪れていたところから、彼らを狙ったという説が強調されていた。この場合はフランスやドイツという国家の権力を狙ったと考えられるが、それにしてはテロ実行の方法が中途半端である。複数の犯行現場に人員を分散させず、ターゲットをスタジアムに集中させる方が合理的であるし、爆弾ベストを着て観客に紛れ込もうとしたのは、セキュリティ・チェックがあることを考えれば、あまりにも稚拙すぎる。

事件関係の論評をネット上で探しているとき、ムルタザ・フサイン（Murtaza Hussain）というジャーナリストが書いた『イスラム国のゴール――ムスリムと西洋が共存するグレーゾーンの抹殺』（*Islamic State's Goal: "Eliminating the Grayzone" of coexistence between Muslims and the West*）という文章が目に留まった。この論考は短いものだが示唆に富んでいる。「イスラム国」はこのテロで、グレーゾーンすなわちムスリムが非ムスリムと共住している社会を消滅させようとしているというのである。事実、「イスラム国」は自分たちのプロパガンダ誌『ＤＡＢＩＱ』の七号で、グレーゾーンを消滅させると主張していた。

これが目的であるならば、確かに、フランスやパリを明確な敵と位置づける必要がない。英国でも米国でもドイツでも、どこでもよかったことになる。たまたま、フランスでのテロを実行するためのコーディネーションやロジが整ったからテロを敢行したと考えることが可能である。

フサインの指摘によれば、「イスラム国」はこのテロによって、異教徒の中に暮らしているムスリムに対して、信仰を捨てるのか、我々(「イスラム国」)の側に来るのかを求めていると言う。テロ事件の後に、ヨーロッパ在住のムスリムが受けるであろう差別や憎悪は想像に難くない。その結果、ヨーロッパ各国のムスリムに亀裂が生まれ、「イスラム国」の側につく人が出てくると言う。そのために、これまで非ムスリムとムスリムが共に生活してきた「グレーゾーン」をなくしてしまおうというのが、今回のテロの主たる目的だと言うのである。

この指摘を念頭において「イスラム国」の「犯行声明」を読むと、まったく別の意図が浮かび上がってくる。いくつかの言語で出された「犯行声明」は、実は犯行声明ではなかった。私たちが勝手に「犯行声明」だと思っていただけで、ムスリムに呼びかける内容で統一されている。「フランス人よ、よく聞け」とも「オランドよ、よく聞け」とも言っていないのである。「フランスがあえて我々の預言者(ムハンマド)を侮辱し続ける限り、フランスにおけるイスラムとの戦争を誇り続ける限り、カリフ国のムスリムを空爆によって攻撃し続ける限り、フランスとその同盟国と同様に、我々の攻撃の第一の目標であることを知らしめてやろう」(英語版の

「犯行声明」とされる文章より一部を抜粋）という部分にも、この呼びかけがムスリムに向けられていることが見て取れる。しかも、ここのところはフランス在住のムスリムの多くが共通して抱く思いを代弁している。

事件後、フランスのイマーム（イスラム指導者）たちが一斉に、「まずフランス国民であれ、イスラムは二の次だ」という趣旨の発言を繰り返していることと重ね合わせると「イスラム国」がフランスのムスリム社会の分断を図っていることが読み取れる。「イスラム国」は、「イスラムとの戦争」が何を意味しているかを明らかにしていないが、フランスに住むムスリムならば、これがムスリム女性による公的領域でのスカーフ（ヴェール）着用禁止を指していることがすぐにわかる。

ここでスカーフ問題に立ち入ることはできないが、一つだけ指摘しておけば、フランス側は一貫してスカーフやヴェールを「イスラムのシンボル」と主張し、ムスリム側は服装の一部が「イスラムのシンボル」となることなどあり得ないと反論し、二五年にわたって両者の主張は完全に平行線のままなのである。ムスリムの信仰実践の様態は多様であるから、スカーフ着用に批判的なムスリムもいて彼らがフランス側の主張を擁護してきた。世俗主義を断固として守ろうとするフランス社会の側は、ムスリム側にも世俗主義を支持する人びとがいることを利用してきた。その意味では、すでに、ムスリム社会は分断されていたと言ってもよい。

フランスのイスラム指導者にしてみれば、事件後にムスリムへの批判や差別が強まることを十分に予想できるから、良きフランス市民であるべきだと説いているのだが、この国に暮らすムスリムの中で、再覚醒を経てムスリムとして生きる道を選んだ人びとにとっては欺瞞に聞こえる。スカーフ問題に即して言えば「フランスという国に暮らす以上、スカーフを被るのをやめろ」と諭しているように聞こえるからである。

再覚醒というのは、当事者がフランス社会に生きていくなかで体験してきたことの総体から、信仰を捨てるのでも、便宜的にフランスの世俗主義と折り合いをつけるのでもなく、フランス市民でありながらも、イスラムの信仰実践についてはホスト社会が要求するものには従わない生き方を選択したという意味である。イスラムは、本質的に人がつくった法の体系よりも「神の法」を上位に位置づける。過去半世紀のあいだに、ムスリムとして再覚醒した人は明らかにフランスでも、他のヨーロッパ諸国でも増えている。

彼らがテロリスト予備軍だというのではない。生きている空間がどこであろうと、ムスリムとして正しく生きようとしているだけであって、彼らのほとんどはフランス社会に違和感を覚えつつも、暴力的に応答しようとは考えていない。しかし、フランス内務省をはじめ政府機関とも密接な関係にある宗教指導者たちが、事件をきっかけに、フランス共和国の世俗主義への服従を要求するとなると、彼らはますますフランス的な世俗主義に背を向けていく。その結果として、ムスリム社会の分断は一層進んでしまう。「イスラム国」は、暴力には反対だが世俗主義の受容を拒むムスリムを自分たちの側に引き寄せようとしているのである。

実態に即して言えば、暴力には反対だがスカーフの着用やその他の信仰実践の自由は私的・公的領域の双方で認めてほしいと願うムスリムは多い。フランス社会がこのようなムスリムへの敵意を増幅させることは間違いない。本来、自分たちの信仰上の悩みを相談したり、教え導いたりする立場のイマーム（宗教指導者）が、フランス共和国の御用イマーム化していくと、彼らはますます孤立してしまう。そこに狙いを定めるのが「イスラム国」の戦略であることに、フランスも国際社会も気づかねばならない。

ところが、フランスはいち早く「イスラム国」との戦争状態を宣言して空爆を開始した。シナイ半島での旅客機墜落が「イスラム国」によるテロではないかという観測が強まるにつれて対「イスラム国」軍事作戦に軸足を移さざるを得なくなったロシアは、フランスと共闘する姿勢を示した。ロシアによるシリア介入の目的はアサド政権の維持にあるから、「イスラム国」を除く反政府勢力への攻撃にも力を注いできたのだが、ここに来て「イスラム国」に対して報復しなければならない事態となったのである。

集団的自衛権になぜ反対し続けるのか

帰国から二か月後の二〇一五年一一月二四日、トルコ軍の戦闘機がロシア空軍機を撃墜した。ＮＡＴＯ加盟国が直接ロシアの戦闘爆撃機を撃墜するなど前代未聞の事件であった。これを受けて、ＮＡＴＯは加盟国であるトルコの主権が侵害されれば、「集団的自衛権」を行使する用意があると表明した。

集団的自衛権に「」をつけたのは、日本とちがって、この言葉自体が表には出てこないからである。同盟国として国連憲章五一条の規定に基づいて戦闘に参加するというので、それは、すなわち集団的自衛権の行使ということになる。その間、日本では、政府が集団的自衛権をなし崩し的に容認してしまったが、日本の場合、強いアメリカに対して日本が集団的自衛権を行使して助けるというのだから、ずいぶん、今の世界で起きていることとは違う。奇妙な議論をしていたとしか思えない。

集団的自衛権の発動というのは、「弱い」同盟国が攻撃を受けた際に、「強い」同盟国がこれを支援するのが普通である。どう見ても、日本がアメリカより軍事的に「強い」同盟国ではないから、最初からこの議論は意味がわからなかった。

私は集団的自衛権に反対である。憲法論争は私の専門ではないから触れない。トルコという、まさに隣国で最悪の人道の危機にさらされた人びとが命からがら脱出してくる国を見てきて、自国の防衛以外に軍を使うことの愚かさを痛感するから反対なのである。

ヨーロッパからトルコに滞在しているさなかに、朝日新聞のインタビューに応じた。安保法制の議論のなかで、ペルシャ湾のホルムズ海峡で日本の自衛隊が機雷の掃海をするという話が出てきたが、そんな話を議論している国など、日本以外にないと指摘した。それにしても、与党のみならず、野党も国際的な感覚にあまりに疎い。私だけが発言したのではないと思うが、いったい、どこの誰がペルシャ湾に機雷を撒きちらす危険があるから、憲法の解釈変更までして機雷掃海を自衛隊の任務にしようというのだろう。

この話は、一九九一年の湾岸戦争に際して、日本が自衛隊を後になって派遣し、ペルシャ湾での機雷掃海にあたらせたのだが、当事者のクウェートをはじめ、どこも感謝してくれなかったことが、一種のトラウマのように自民党内で語り継がれたことから出てきたのだろう。湾岸戦争というのは、当時のフセイン政権のイラクが、九〇年の八月に突如として隣国クウェートを侵略したことに対して、米国を中心とする多国籍軍が九一年一月に戦争を開始し、クウェートを解放すると同時に、イラクを攻撃した戦争である。

確かに、今でも日本が輸入している原油の多くがホルムズ海峡を通るから、日本経済にとって生命線の一つだという指摘は当たっている。だが、当時と今とでは中東の状況は異なる。ペルシャ湾が安定しているとは私も言わないが、湾岸のどの国も、ホルムズ海峡を通らないと石油を外の世界に運び出すことはできない。アメリカの仮想敵国はイランだが、イランはやっと制裁が解除されて石油を輸出できるというのに、そんなときにペルシャ湾に機雷をばらまくはずもない。

後方支援では、戦闘と一体化せずに兵站確保の任にあたるという。またアメリカという隣家が火事になったときに助けないわけにはいかないという安倍総理自身の説明がある。いずれも、世界を見ていない。米軍は、何を目的として中東の地に出てきても歓迎されない。歓迎してくれるのは、権力を守るために米国の力を借りたい独裁者ばかりである。

トルコでは、八月に入ってクルドの分離独立を掲げる武装組織ＰＫＫとの戦闘が激しさを増していた。毎日、毎日、トルコ軍の兵士や警察官、民間人に犠牲が出るようになり、報復攻撃でゲリラ側にも相当の犠牲者が出ている。いずれの犠牲でも、遺族の悲嘆は尽きるところがない。こういうことを繰り返していると、トルコ軍対ＰＫＫの戦闘のはずが、いつしかトルコ人対クルド人の戦いになってしまう。そうなれば、内戦の危機に陥る。

一見すると、トルコという国の中の民族問題に見える。確かに民族問題は存在するのだが、それを政治プロセスによって解決しようという試みが、トルコ、クルド双方の努力で二〇一二年以来、続けられていたのである。それが一気に崩壊してしまったのは、イラクとシリアの情勢があまりに悪化したためである。イラク政府には、もはやイラクという国の統一を維持する力はない。そればかりか、北部のクルド、南部のシーア派、西部のスンニー派に事実上分裂していて、シーア派を中心とするバグダードの中央政府には国全体を統治する能力はない。

北部のクルド人たちが事実上の独立を達成し、大統領から議会まで持つことができたのは、二〇〇三年、イラク戦争で全面的にアメリカを支持したからである。もちろん、かつてヨーロッパ列強の利害によって、独立国家を持つことができなかったクルドの人びとにとって、クルド地域政府の樹立は待望の独立に近づいたことを意味する。

だが、クルド人は隣国のトルコ、シリア、イランにまたがって暮らしている。イラクでの成功は、当然、他の地域にいるクルド人の独立への欲求を刺激する。そしてシリアでは、内戦によってアサド政権の統治がおよばなくなった北部地域をクルドの民主統一党（以下ＰＹＤ）が実効支配し、行政区まで設けている。そして、アメリカやドイツはこのＰＹＤを支援している。彼らが「イスラム国」と激しく戦ったのは、この領土を守るためであった。統一民主党の兄弟組織がトルコにもある。これがＰＫＫなのである。

トルコ政府が、東南部から東部のクルド勢力の動きに神経を尖らせるのは、ＰＫＫが統一民主党と共鳴して、トルコ国内にも自治領を設定しようとするからである。ＰＫＫとしては、トルコ軍や政府機関への攻撃で挑発を繰り返し、クルド人市民を独立への熱狂に駆り立てる必要がある。したがって、トルコ人対クルド人という対立の構図に持ち込むことは、明らかにＰＫＫ側の戦略である。

七月末に、「イスラム国」がトルコ軍兵士を殺害したことで、トルコはついに米軍を中心とする有志連合軍に加わることになった。だが長い間、参加を拒んできたのは、米軍が対「イスラム国」作戦でＰＹＤを支援していたからである。アメリカは、いわば「毒をもって毒を制する」策で「イスラム国」を壊滅しようとしている。

どうしてこんなことになってしまったのか。その背景にはイラク戦争があることは明らかである。フセイン政権下で権益の受け皿だったスンニー派は、戦争の結果、天国から地獄に突き落とされてしまった。そのスンニー派から「イスラム国」が誕生したことは周知のとおりである。そもそも北イラクのクルド地域政府の誕生も、アメリカによる戦争の帰結である。トルコにしてみれば、NATOの同盟国であるアメリカが、この地域に軍事介入すると、必ず、ただでさえ脆い秩序が破壊されることを最初から予想していた。そして今日の衝突である。「イスラム国」の問題にせよ、PKKの問題にせよ、どちらもアメリカの軍事介入とは決して無縁ではない。

アメリカの中東への軍事介入というのは、決して民主化や独裁者の追放という綺麗ごとだけではない。必ず、その裏には石油利権が絡んでいたり、イスラエルの権益が絡んでいたりする。実際、北イラクの油田から産出される石油はイスラエルにとって安定した供給先になっている。これだけ深刻な問題を引き起こしてきたのがアメリカである。もし、再び中東に米軍が派遣され、その後方支援に日本の自衛隊があたることになれば、自衛隊がアメリカ軍と一体視されることは間違いない。アメリカ軍が地域の市民の恨みを買えば、自衛隊もまた恨みを買うことになるのである。

後方支援にはもう一つ深刻な問題がある。現在、この地域で行われている戦闘は、「イスラム国」やアル・カイダのような非国家主体とのあいだで行われている。アメリカ政府は、ここに介入して泥沼に陥ることを懸念しているから、地上軍を派遣してこなかった。だが、オバマ政権の次に、もしも共和党の政権が来れば、ふたたび強いアメリカという自己中心的なイメージをふりかざして中東に介入する危険がある。これこそ、「イスラム国」やアル・カイダの望むところであって、彼らはアメリカへの敵意を増幅させ、支持者を増やそうとする。そのアメリカ軍に追随して、後方支援なり武器の輸送なりを担えば、アメリカ軍と一体とみなされることはもちろんである。その時になって、アメリカ政府が「日本の自衛隊は我々と一緒に死んでくれると言ったじゃないか」と迫ってきたら日本政府はどうするつもりなのか？　日本の安全保障とは関係の薄い地域での後方支援を認めることのリスクは、今後のアメリカの中東政策と深くつながっている。

そもそも、テロ組織である彼らに、国際法が通用するとでも思っているのだろうか。すでに、国家間の戦争よりも、こういった武装組織との戦争の方が、はるかに可能性が高い。法も常識も通用しない相手に、自衛隊を送り出してはならない。日本でのテロの脅威が高まるのも理由の一つだが、それ以上に、自衛隊員の命を無駄にするからである。

トルコでは日々、ＰＫＫや「イスラム国」との戦闘の犠牲者の葬儀が行われている。兵士や警察官の殉職については、可能な限り高官が参列する。トルコの場合は徴兵制もあるし、専守防衛とはいえ国軍を持っているから、兵士の犠牲は国家の犠牲である。だが、日本での議論を聞いていると、政権は自衛隊員の命を軽視しているようにしか見えない。彼らは、国防のために自衛隊を志したはずであって、どこの誰ともわからぬ武装勢力に攻撃されて命を落とすのでは、あまりに無念であろう。安倍政権は、日々、中東で起きていることの現実を知らない。

トルコはなぜ戦争に巻き込まれたのか

私がチェシメに滞在していた二〇一五年の七月から八月にかけて、トルコは突如として激しい暴力に見舞われた。トルコが「イスラム国」との戦争に参戦するきっかけとなった事件であるので、少し、日を追って何が起きたのかをふりかえっておくことにする。

七月二〇日に東南部のスルチという町で、シリアのクルド勢力、民主統一党（以下PYD）を支援する集会に参加していた若者たち三二人が死亡する自爆テロ事件が起きた。民主統一党というのは政治組織の名前で、戦闘部隊の方はクルド人民防衛隊（YPG）と呼ばれ、シリア領内で「イスラム国」と激しい戦闘を続けている。そのため、このテロ事件の容疑者は「イスラム国」のメンバーとされたが、自爆したため詳細はわかっていない。

二三日、今度はジェイランプナルという東南部の町で警察官二人が宿舎で寝ているところを襲われ死亡した。トルコ国内でクルドの分離独立闘争を続けてきたクルディスタン労働者党（PKK、以下略称）による犯行とされた。スルチの事件に対する報復なのだが、スルチの自爆テロは「イスラム国」の犯行とされていたのに、なぜ警察官が殺害されたのか。

前にも触れたが、トルコ政府とＰＫＫは二〇一二年あたりから和解交渉を続けてきた。一三年の三月二二日には、刑務所に収監されているＰＫＫのリーダー、アブドゥッラー・オジャランが武装解除を指示するメッセージをクルド人に対して発し、以来トルコ軍もＰＫＫへの攻撃を控えた。一九九〇年代には大衝突を繰り返し、双方に四万人もの犠牲者を出す民族紛争がトルコを襲ったのだが、一九九九年にリーダーのオジャランがケニアで逮捕されトルコに移送されてから、両者の衝突は以前ほどの激しさはなくなっていた。

彼は、それまでシリアの庇護の下にあったが、トルコ政府と軍が本気でシリアに進攻する構えをみせたところ、アサド政権（今のバッシャール・アサドの父、ハーフィズ）はあっさり放逐してしまった。モスクワやアテネをさまよった挙げ句、トルコとは仲の悪いギリシャの手引きでケニアに渡ったところをトルコの情報部に捕まったのである。

その後、二〇〇六年から〇七年にかけて、ＰＫＫによるテロや攻撃が再燃した。これは、アメリカが起こしたイラク戦争の負の遺産であった。イラク戦争では、イラク北部のクルド人たちがなんとか独立への道筋をつけようと、アメリカに全面的に協力した。戦後、クルド自治政府、今ではクルド地域政府として、北イラクでは事実上の独立を達成した。首都のアルビルにはアメリカの情報機関や軍の本部が置かれ、イスラエルからの投資も活発で、みごとなまでにアメリカの手が入って繁栄を手にした。

だが、北イラクのクルド地域政府というのは、政治志向からはトルコのＰＫＫとはまったく相容れない。クルド民族主義である点は同じだが、地域政府はいまだに部族長のファミリーがかなりの力を持つ、一種の封建的支配。ＰＫＫはラディカルな共産主義ゲリラである。地域政府は、ＰＫＫが自分たちに刃を向けることを恐れていたから、米軍から供与されていた武器・弾薬をＰＫＫに横流しした。その爆薬や武器で〇六～〇七年にトルコ国内でテロが頻発した。

当時のトルコ軍参謀総長ヤシャル・ブユクアヌトは、「こともあろうに同盟国の武器でトルコに犠牲者が出ている」とアメリカを名指しはしなかったが、同盟国が供与した武器でテロが起きたことを激しく非難した。〇八年にはテロリスト掃討を掲げて北イラクへの空爆に踏み切ったが、どれだけ成果を上げたかは疑問だった。

二〇一〇年をすぎて、ようやく政府とＰＫＫとの間に和解の兆しがみえてきたのだが、山岳地帯で戦闘を続けるＰＫＫはなかなか武装解除に応じなかった。トルコのクルド勢力も、山岳ゲリラの武装闘争だけでは問題が解決しないことに気づいていた。より大きな問題は、東南部のクルド地域において貧困の問題が厳しいことにあった。政治プロセスによって、これらの問題に向き合うために、何度も、クルド政党が結成されたが、ＰＫＫとの一体性を非難され憲法裁判所によって解党を命じられてきた。こういう民族紛争というのは、最終的に武装勢力が武器を置き、政党を結成して政治プロセスに乗らない限り緩和できない。

クルド政党は、二〇一五年六月の総選挙で画期的な勝利を手中にした。諸人民の民主党（ＨＤＰ）という政党に衣替えし、単にクルド民族の解放を訴えるのではなく、トルコにおいてマイノリティとして有形無形の抑圧にさらされてきたアルメニア人、ＬＧＢＴ、それに環境保護運動の担い手たちを糾合したのである。清新なイメージのリーダー、セラハッティン・デミルタシュの人気も手伝って、一〇％のバリアを突破し国会において第三党の地位を占めた。政党に対して投票するトルコの選挙では、総得票の一〇％を超えないと一議席も獲得できない。そのかわり、一〇％を超えると議席数は傾斜配分されるから、総数五五〇のトルコ大国民議会（一院制）で、諸人民の民主党は八〇議席を得たのである。

与党の公正・発展党（ＡＫＰ）は前回の総選挙と比べて約一〇％得票を減らし、二五八議席で単独過半数を維持できなかった。与党の過半数割れは、明らかにエルドアン大統領の強権化や親族の不正疑惑に対する批判だった。しかし与党の中からは、諸人民の民主党が従来のクルド民族政党から脱皮して第三党に食い込んだことが原因だという声が出てきた。

六月から八月まで、与党のダウトオウル首相は連立協議を重ねたが、野党との溝は埋まらず組閣ができなかったため、一一月に再度総選挙を行い、それまでは選挙管理内閣が政権を担当することになった。他の野党が選挙管理内閣に閣僚を送ることを拒否したため、なんと諸人民の民主党が内閣の一角を占めることになった。

エルドアン大統領は、もし六月の選挙で単独与党を取れれば、大統領の権限を大幅に強化するフランスやアメリカ型の国に変えようとしていた。従来、トルコの大統領は国家元首ではあっても政治上の実権は首相が持っていたので、自分に権限を集中させるためである。

しかし、国民は大統領の権限強化にＮＯを突きつけてしまった。これに不満を抱いた大統領は、国内の混乱を収拾できるのは自分だけだという強い大統領を演出したい。クルド武装勢力ＰＫＫと軍との衝突は日々激しさを増しているので、もう一度選挙をして与党が勝利を収めれば、国民は強い大統領を望むはずだという計算が大統領にはあったようだ。

そして一一月、与党の公正・発展党は五〇％近い得票率で勝利し単独で安定多数となった。国民は内外の混乱を嫌い安定を望んだのである。

トルコとシリアとの国境地帯は、トルコ領の側にも、シリア領の側にも多くのクルド人が暮らしている。シリア側で「イスラム国」が勢力を拡大し、クルド勢力ＰＹＤと激しく衝突した。二〇一四年にはトルコとの国境に近いコバニという町でＰＹＤの武装組織、クルド人民防衛隊（ＹＰＧ）と「イスラム国」が死闘を繰り広げた。

ＹＰＧとトルコで長年政府と衝突してきたＰＫＫは共産主義組織である点でよく似ていて、いわば兄弟組織である。ＰＫＫにしてみれば、シリア側の兄弟であるＰＹＤを支援したい。しかし、トルコ政府にとってＰＫＫはテロ組織である。ＥＵもアメリカもテロ組織としている。トルコ政府から見ると、テロ組織たるＰＫＫの兄弟組織もまたテロ組織であるから、たとえ「イスラム国」と戦っていてもＰＹＤを支援することはできない。

そこにきて「イスラム国」がＰＫＫを自爆テロで襲ったのだが、ＰＫＫのメンバーや同調するクルド人たちは、トルコ政府がＰＹＤを支援しないから、こういうことになったと怒りを爆発させ、本来、反撃すべきは「イスラム国」であったにもかかわらず、トルコの政府軍や警察を襲撃し始めたのである。それから一か月のあいだに、都市の警察や村落部で警察の代わりをつとめるジャンダルマ（治安維持部隊）への攻撃が続き、五〇人を超える犠牲者が出てしまった。ジェイランプナルで警察官がＰＫＫに射殺されたことでトルコ政府は激怒した。

しかも同じ七月二三日、今度は「イスラム国」がトルコ軍を攻撃し下士官一人が死亡してしまったのである。ここにいたって、トルコ政府は、一方でPKKを、他方で「イスラム国」を攻撃するという両面作戦を軍に指示した。

話がこんがらがるのはここからである。七月のはじめ、アメリカ政府はトルコに代表団を送って、執拗に、「イスラム国」壊滅のための有志連合軍への参加を求めていた。じつは、「イスラム国」問題が浮上して以来、シリアともイラクとも国境を接するトルコに対して、何度も、作戦への参加を求めたのだがトルコ政府は応じなかった。トルコ政府は、シリアとの国境管理の厳格化と難民を収容するための「安全地帯」設置を求めていた。アメリカだけでなくヨーロッパ諸国も、多くの戦闘員がトルコ経由でシリアに渡るので、トルコに対してシリアへの渡航阻止を求めていた。だが、トルコの本意は「イスラム国」メンバーの国境通過を阻止するよりも、PKKとPYDの連携を阻止する方にあった。

実際、トルコには「イスラム国」リクルートの拠点が多数存在していた。「イスラム国」に対して甘かったのは事実である。だが、この混乱の中で、トルコ政府としては、シリアからの難民の奔流を止めない限り、「イスラム国」に対して強硬姿勢は取れない。なぜなら、膨大な難民の中には、「イスラム国」の戦闘員も必ず含まれているからである。

ところが、欧米諸国は二〇一五年の末になるまで、シリアからの難民の流出を止めるための協議をトルコとのあいだでしなかった。言うまでもなく、難民の奔流はそもそもシリア内戦を止めないことにはどうにもならないのである。そこに手をつけずに、トルコに「イスラム国」

攻撃への参加を求め、難民のヨーロッパへの流出を止めろと要求する欧米諸国に対して、トルコ政府も市民も苛立ちを募らせていた。

二〇一六年二月の時点で二七〇万人に達したとも言われるシリアからの大量の難民は、アサド政権の無慈悲な攻撃の被害者たちが多数を占めている。日本のメディアを見ていると、「イスラム国」のせいで難民が急増したように言うことがあるが事実に反する。「イスラム国」が出てきたのは二〇一四年のことで、シリア難民は二〇一三年末には三〇〇万人に達すると見られていたのである。そのことを目の当たりにしてきたトルコとしては、国際社会が「イスラム国」をつぶせば難民問題が解決するかのように見ていることには到底同意できない。だから、「イスラム国」壊滅作戦に参加するのなら、同時に、シリアのアサド政権もつぶさなければ、難民問題の抜本的解決にはならないと主張してきたのである。

ここで厄介なのは、アサド政権に武力攻撃を仕掛けることに、国際社会が消極的な点である。二〇一三年の夏、アサド政権軍が化学兵器を使用した際、アメリカ軍は攻撃に踏み切ろうとした。だが、英国議会はアメリカとの共同作戦を拒否してしまった。

国連安保理にはロシアがいるため、アサド政権への武力行使は国連の承認を得られない。ロシアは中東で唯一、シリアに巨大な基地を持っていて、シリアのアサド政権はいわばロシアの中東における橋頭堡を提供している。したがってロシアは、絶対にシリアを手放せないし、そのためにはアサド政権を支持し続けなければならないのである。

イランもまた、シリア政府への支援を三〇年以上も続けている。イランの事情はまた違っている。シリアの隣国レバノンにいるヒズブッラーというシーア派の軍事組織を支援しているのだが、ヒズブッラーを支援するにはシリアを通過しなければならないから、アサド政権を支えなければならない。よく、シリアのアサド・ファミリーの宗教がアラウィという少数宗派であってシーア派に近いから、イランがシンパシーを示しているという説明を眼にするが、実際にはアラウィ派には世俗的な人が多く、この説明はどうも当たっていないように思う。はっきりしているのは、国連安保理では、決してシリア内戦を止める方策を見出せないということである。最悪の人道の危機を招いたのはそのためである。

Cumhuriyet
YURTTA SAVAŞ
POLİSTEN ÇİFTE STANDART
DÜNYADA SAVAŞ
HEM IŞİD HEM PKK VURULDU

トルコ紙「内に戦争、外に戦争」

トルコは、なんとか「イスラム国」問題から距離を置こうとしていた。シリアもイラクも隣国であるため、「イスラム国」問題がトルコに波及することをなんとしてでも阻止しなければならなかった。

迂闊にアメリカの有志連合軍になど加わると、多くの「イスラム国」メンバーが潜伏しているトルコが攻撃され、テロが起きるリスクが高まる。トルコにしてみれば、アメリカが無謀な戦争をイラクで起こし、国際社会がシリア内戦を止めないから今日の大混乱が生じたのであって、そのせいでトルコが危機に陥ることなど到底許せないということになる。トルコはイラク戦争の際に、アメリカ軍とともに戦わなかった。何日も国会で議論した末に参戦を見送った。アメリカが中東に干渉すると、ただでさえ脆い秩序が一気に破壊されることを知り抜いているからである。そのトルコが七月にアメリカ軍との協調を打ち出したのは、ひとえに難民問題があまりに深刻化したからである。

トルコとしては、アサド政権の退場を要求しているが、ロシアが反対するのでこれはできない。そこで、国境周辺に「安全地帯」という名の緩衝地帯を設置して、難民を収容し、その上空でのシリア空軍の飛行を禁止する措置を訴え続けてきた。だが、アメリカ政府は「安全地帯」を認めようとしない。

さらに、一〇月からはロシアがアサド政権側について本格参戦したために、この安全地帯構想はさらに難しくなった。シリア政府としては、シリア領内に飛行禁止空域が設定されることなど認めるはずがない。

二〇一六年二月。事態があまりに激しく動くので、このあたりで筆を置かざるを得ない。まだ、全貌ははっきりみえないが、さらなる惨劇が始まった。シリア第二の都市アレッポから反政府勢力を追い出すために、シリア政府軍とロシア軍が猛攻撃をかけたのである。二日間で三万五〇〇〇人ものシリア人が攻撃を逃れてトルコ国境に殺到した。だが、トルコ政府は国境を閉じてしまった。EUやアメリカはトルコに国境を開けるよう要請したが、トルコ政府の反応は冷ややかだった。「何を今さら」というのである。

EUは、一方ではトルコからの難民流出を止めろと要求し続けている。トルコにしてみれば、難民の流出を止めるには、難民の流入を止めなければならない。「入り」を規制しないで「出」

を止めたらトルコ国内に難民が溢れるだけである。

アレッポへのシリア軍とロシア軍の猛攻撃は、ジュネーブでようやく開催にこぎつけた国連主導の和平会合のさなかに始まっている。まるで、国連の無力をあざわらうかのようである。アメリカもEUも、これを止めることができない。そんな中で、人道的な見地から難民を入れるために国境を開けと要求しても、トルコがそれに応じるはずはなかった。

トルコは、なんとシリア側に難民キャンプをつくり始めた。政府と関係の深いイスラム系NGOのİHHが堂々とトラックでテントや救援物資をシリア領内に持ち込み始めたのである。トルコ政府の要請によることは明らかだった。シリア政府から見ればトルコのNGOによる「侵略」行為ということになる。

ついに、トルコはNGOを使うことによって、「安全地帯」の設置を見切り発車させたのである。二月八日現在、続々と難民用のテントがつくられ、支援物資も運ばれている。シリア政府軍やロシア軍がそこを攻撃すれば、トルコ、サウジアラビアなどの「有志連合軍」は難民保護を名目に、地上部隊や空軍を送る事態に発展しうる。一触即発とはこういうことを言うのである。

これより前、二〇一五年の一〇月には首都のアンカラで大規模なテロが起きて一〇〇人以上が犠牲となった。一六年の一月には、イスタンブールの観光名所でドイツ人観光客が犠牲になるテロ事件が発生した。いずれも「イスラム国」の犯行とされているが、パリの事件などと違って、トルコでのテロ事件にはいずれも犯行声明が出ていない。トルコ国内には、「イスラム国」に同調する人も相当数いる。だから、正面切って自分たちの犯行だとは言わないのかもしれない。犯行を明言すれば、トルコ国民の怒りを買い、政府の逆鱗に触れるからである。

トルコ政府は、「イスラム国」に対する締め付けを厳しくしている。二〇一五年の後半から戦闘員とされる人物を数百人逮捕したと言われている。だが、あとからあとからシリアから逃れてくる難民には、当然、「イスラム国」の戦闘員もいるから摘発を強化してもきりがない。

シリア内戦、内戦を機にトルコ政府に攻撃を強めるクルド分離勢力のPＫＫ、内戦でとめどもなく溢れてくる難民、それに「イスラム国」。トルコが、これだけ困難な状況に追い込まれたことはない。気がついてみたら、トルコは否応なく戦争に巻き込まれていたのである。

新たな対テロ戦争を待っていた「イスラム国」

アメリカ、ロシア、フランス、それに英国も加わり、現代の列強諸国がこぞって「イスラム国」掃討作戦に参加する様相を呈し始めたのは、二〇一五年一一月のことだった。テロの封じ込めに軍事力、それもっぱら空軍力を使うのは効果が薄い。すでに有志連合軍は二〇一四年の八月以来、空爆を重ねてきたのだが目だった成果を上げていない。それればかりか、「イスラム国」支配地域の住民は空爆の恐怖に耐えられない。シリア難民について、「イスラム国」の恐怖から逃れているという説明もあるが、実態としては有志連合に加えてロシアの空爆強化によって難民は増大しているはずである。

「イスラム国」の資金源を断つために、油田など石油関連施設を破壊していけば、シリアとイラクの一部で支配権を持ってきた「イスラム国」は弱体化するかもしれない。しかし、私たちはシリアとイラクにおける「イスラム国」の脅威にばかり目を向けすぎている。彼らは、当初、イラクとシリア（シャーム）のイスラム国というローカルな名称を使っていたが、後に、単に「イスラム国」と名乗るようになった。自称カリフのバグダーディを戴いているからカリフ国とも名乗っている。次第に、空間的な支配領域、つまり領土的なものを名称から外したのは、外から見ると観念的な国家としての度合いを引き上げたように見える。それは同時に、ローカルな組織からグローバルな組織へと変容させるための計画だった。グローバルといっても、実際に人員を配置して世界に支配を広げるというのではない。

シナイ半島の「イスラム国」にしても、ナイジェリアのボコ・ハラムにしても、自称カリフのバグダーディに臣従の誓いを立てたことによって「イスラム国」の一員とみなされることになった。一種のフランチャイズ化を進めているのである。アフガニスタンのタリバンにしても、内部に「イスラム国」に共鳴する勢力が台頭したと伝えられている。そうなると、属地性とパシュトゥンの民族性に強く結びついてきたタリバンにも、より抽象度の高い「イスラム国」的な発想が盛り込まれることになる。

フランチャイズ化が容易なのは、ムスリムが多数を占める諸国家における統治があまりにイスラム的に不公正とみなされているからである。現状に不満を持つさまざまなイスラム主義組織は、「イスラム国」の名前を使うことによって脅威を強調することができる。しかも、シナイ半島でのロシア機爆破事件やインドネシアでのテロ事件、アメリカ、カリフォルニア州でのテロ事件が示しているように、単発のテロ事件をフランチャイズ化の証明として宣伝することによって、「イスラム国」自身も、その力を実態以上に大きくみせることに成功してしまう。これは、「イスラム国」本体とフランチャイズ化した組織の双方にとって「利益」をもたらすのである。

エジプト政府は、シナイ半島でのロシア機墜落をテロと認定したくなかった。シャルム・エッシェイク空港での警備にはエジプト軍もかかわっているから、警備の不備、もしくはテロリストとの内通者がいることを示唆するからである。クーデタによって軍幹部が政権を奪い、ムスリム同砲団を厳しく取り締まっているエジプトは、イスラム的公正に著しく反している。たとえムスリム同胞団を押さえ込んだとしても、シーシー政権の統治を正統なものとみなさない市民はいくらでもいる。現在の軍部による支配を容認しないイスラム主義者の中からは、いずれ現在の支配体制に対して暴力的に応答する者が現れるだろう。そのとき効果的に「イスラム国」と名乗りをあげることは想像に難くない。

他方、フランスを始めヨーロッパ諸国、そしてアメリカやオーストラリアなど多くのムスリムが居住する非イスラム圏諸国では、そもそも組織化を必要としない。各国においてイスラムに対して敵対的な動きは活発である。そのことに不満を抱くムスリムは相当数にのぼるのであって、その中から暴力も辞さないレベルに憎悪を募らせている若者をピックアップするのは難しいことではない。

パリの事件のときに伝えられたように、コーディネーターと現場で必要な人員と武器を調達するロジ担当がいて実行犯を確保すればテロは可能である。現在、フランスには四八〇万、ドイツにもほぼ同じ数のムスリムが暮らしている。英国にも三〇〇万、イタリアにも二一〇万、オランダにも一〇〇万と言われるムスリム人口を考えれば、彼らに対する差別的な態度やヘイト・クライムがいかにテロのリスクを高めるか、ヨーロッパ諸国は自覚すべきである。

何がムスリムの居場所を奪ってきたか。その原因は国ごとに異なる。ＥＵは、各国の国民が誰を指し、何をもって国民の定義とするのかについてまったく共通の理解を持っていない。国家と宗教との距離も、まったく共通の認識がない。フランスのように公の領分を神から完全に切り離す国もあれば、ドイツのように公教育においても宗教教育を受けることを権利ととらえる国もある。

したがって、移民の処遇から難民の処遇にいたるまで、ＥＵはおよそ共通の認識もルールも持っていないのである。ムスリムである移民がヨーロッパに到達して半世紀以上がたっているのに、いまだにまったく共通の移民政策を持たなかったことが今日のテロの問題の根底にある。ＥＵが検討している共通移民政策というのは、受け入れの「入り口」に関することであって、ある国に定住してから彼らとどのように向き合っていくかを議論したことは、極論すれば、一度もない。

ムスリムがテロを起こすリスクを内包しているというのではまったくない。ムスリム社会、あるいはムスリムと非ムスリムとの人間関係において、暴力の発現率はむしろ非常に低い。ムスリムという人間は、初めて遭遇した瞬間に、お前は味方か敵かというような識別の仕方をしない。この条件を呑むか、拒否するかというような仕方で迫ることもない。ムスリムの社会を訪ねればすぐにわかることだが、「ようこそおいでくださいました。私はあなたに何をして差し上げることができるでしょうか？」この一言から人と人との関係が始まるのである。

しかし、ヨーロッパ各国のムスリムに対する態度は、ムスリムが他者と遭遇したときに示す反応とは著しく異なっていた。

・お前たちは遅れている（フランスに典型的な態度）。
・ヨーロッパ社会に遅れてきたのだからヨーロッパの普遍的価値を理解していない（フランスに強いが他のヨーロッパ諸国にも見られる態度）。
・お前たちは、他者の生き方に干渉する宗教を持っているだろう（オランダなどリベラリズムの強い国によく見られる態度）。
・お前たちはここに居てもいいが、居場所はないと思う（ドイツに典型的に見られる態度）。
・キリスト教社会であるこの国にイスラムを持ち込むな（九・一一以降のドイツに典型的な態度）。

これらの態度は一九九〇年代にはすでに顕在化しており、先にも一部触れたように、二〇〇一年の九・一一以降にさらに強まった。二〇一五年一月のシャルリー・エブド襲撃事件の後、フランスのライシテ（世俗主義）に関する議論が高まったが、非ムスリムのフランス社会側では、ムスリムがライシテを理解できるのだろうか、ひょっとしてできないのなら、どうやって伝えればよいのだろう、というような謙虚な姿勢はまったく見られない。

遡って、二〇〇五年にロンドンで同時多発テロが起きたとき、フランスは宗教や民族を単位とするコミュニティの存在を前提とする英国の多文化主義が国民を分断したと冷ややかに見ていた。多文化主義が解でなかったように、強力な文化的同化を迫るフランスのやり方も、結局のところ、ムスリム移民の統合を実現するための解ではなかった。

一九九〇年代まで、ムスリム移民がうまく統合されている例として知られていたオランダも、九・一一以降にリバタリアンの政治家が相次いで登場したことで、イスラムという異文化との共存を実現できる状況にはなくなりつつある。ベルギー、デンマーク、スウェーデンなどの国にも同様の傾向が現れている。イスラムという宗教は、女性の人権を認めず、それを他者に強要する押しつけがましい宗教に違いない。これは誤解で、イスラムでは無理強いを厳しく戒めているのだが、一度、そう思い込んでしまうと、そのイスラムを排除することこそ、自由を守ることだと勘違いしてしまう。オランダのリバタリアンたちは「イスラムからの自由」をかかげて、ムスリムを排除しようとするのである。

パリでのテロ事件後、容疑者の一人が潜伏しているという情報をもとに、ベルギーで厳戒態勢がとられた。地下鉄などが運休となり、スポーツの試合が中止され、美術館なども閉鎖されるという異常な事態となった。そのような状況下では、国内のムスリムを厄介な存在として排除しようとする動きは必然的に強まる。ムスリム側が強いストレスにさらされて生きていかねばならない状況こそ、次の暴力を生み出す下地となるのである。

今や、イスラム世界の側においても、西欧の側においても、信仰を正そうと努力する（これがジハードの原義）だけで排除と抑圧の対象となりかねない。「イスラム国」というイスラム世界にとって最悪の病は、ムスリム自身によってしか治療できない。西欧の社会がこれまでにイスラム社会に対してとってきた態度を見る限り、一般のムスリムとの共生さえ困難にしてきたと言わざるを得ない。その西欧には、軍事力の行使以外に「イスラム国」壊滅のための方策がない。これでは、「イスラム国」壊滅はおろか、イスラムとの戦争状態をつくりだしていくばかりである。*

二〇一五年一二月、EUがトルコとのあいだに約束を交わした。これ以上難民をトルコから出すな、その代わりにEUはトルコに三二億ユーロの資金援助をする。トルコ人はEUにビザなし渡航を認めるというのが約束の要点である。トルコは、長年の夢だったEUへのビザなし渡航を実現できることになった。これを得られれば、もはやEU加盟など必要ないというくらい大きな約束をEUから引き出したことになる。その背景には、膨大な数の難民たちをトルコに押し戻したいというEU側の切実な願いがあった。EUとトルコは、難民を材料にして大きな取引をしたことになる。その狭間で、いまだに中部ヨーロッパで右往左往する難民たちがいるという現実があるというのに。

トルコは急に外交戦で勝利し始めたかにみえた。国内では、EU自身が加盟交渉の進捗状況レポートで厳しく指弾したように、報道の自由に対する露骨な弾圧、PKKとの激しい戦闘、司法の独立が急速に損なわれていることなど多くの問題が発生している。したがって人権を重

*右記は岩波書店『世界』二〇一六年一月号「ムスリムの分断を狙ったパリ同時多発テロ」後半部に加筆。

視するEUへの加盟は遠のいたのだが、もはや今のトルコはEUなど眼中にない。EU諸国を自由に動くことができるビザなし渡航さえ手に入れれば、加盟したも同然だからである。だがそのEUは、域内の自由移動という最大の原則を中断せざるを得ない状況にある。理由の一つは難民の奔流を押しとどめることにあり、もう一つは、その難民に紛れてパリのテロ事件の容疑者たちがヨーロッパに入ったからである。

このような状況で、EUは本気でトルコに対してビザなし渡航を認めるのかどうか、私は疑問に思っている。最近のアンケートによれば、トルコ国内で「イスラム国」に同調する人の割合は八％に達するという。トルコの人口は七六〇〇万余りだから、六〇〇万人も「イスラム国」への同調者がいることになる。ビザなし渡航を認めれば、テロリストの予備軍がEU諸国に流入する危険は高まる。

ロシアはトルコ軍によって空軍機を撃墜されたことで、なんとか反撃の機会を狙っている。今やエルドアンはスルタン、プーチンはツァーリと化した。しかも過去の露土戦争とちがって、トルコはアメリカを筆頭に欧米列強を味方につけている。カタールなどペルシャ湾岸のアラブ産油国もトルコを支持せざるを得ない。シリア問題に関して、ロシアはイランと組んでいるから、スンニー派諸国にとっては共通の敵となったのである。

二〇一六年二月上旬、シリア第二の都市アレッポに対して、アサド政権軍とロシア軍が猛攻撃を開始したことはすでに書いた。この地域に「イスラム国」の拠点はない。反政府勢力の拠点を破壊するための攻撃だった。都市部や周辺の集落への空爆は多くの市民に犠牲を出した。

おびただしい数の難民がまたしてもトルコとの国境に押し寄せた。

トルコは、シリアとの国境を閉鎖してしまった。政府は、受け入れが限界に達したと言明した。ＥＵは国境を開けて難民を通すようにトルコ政府に要請した。だが、これを書いている二月九日現在、国境は閉鎖されたままである。メルケル首相は急きょトルコを訪問して、エルドアン大統領やダウトオウル首相と協議した。会見内容は明らかにされなかったが、新たな難民の奔流を堰き止めるのか、受け入れるのか、それをＥＵに送り出すのか。トルコはＥＵの盟主メルケル首相と果てしなく困難な交渉をしたことは確かである。

すでに書いたようにトルコは国境ぎりぎりのシリア領内に、İＨＨ（人権及び自由、人道支援財団）というイスラム系のＮＧＯを送り込み、難民キャンプをつくらせた。この組織は、かつてパレスチナのガザに支援船を送り込もうとしてイスラエル海軍に攻撃された。危険をいとわず、しかもかなり政治的な行動に出ることで知られている。トルコが以前から主張している「安全地帯」をつくり始めたのである。だが、上空の飛行禁止についてアサド政権ともロシア軍とも合意はない。シリア政府から見れば、これは侵略である。この状況で難民キャンプが攻撃されれば、シリア政府もロシア政府も、国際社会からの非難にさらされる。トルコは危険な賭けに出た。

トルコ、カタール、サウジアラビア、バハレーン、アラブ首長国連邦などの諸国は、「イスラム国」掃討作戦のために地上部隊をシリアに派遣する準備をしている。公式には、あくまで、「イスラム国」に対する作戦だとされている。だが、ロシアも同じ理屈をつかって「イスラム国」とは無関係の反政府組織を攻撃し、市民を犠牲にしてまでアサド政権を支援していることを考えれば、同じ理屈で、アサド政権軍との戦闘行為に出ない保証もない。

京都に戻って、毎日、中東からヨーロッパの情勢を見ていると、言いようのない不安に襲われている。世界は、新しい戦争の世紀に入ってしまった。本書が刊行されるころには、また事態が変わってしまうだろう。今世紀に入って最悪の人道の危機が、これ以上悪化しないことを祈る。

あとがきにかえて

二〇一五年の四月から九月まで、在外研修の機会を与えてもらった私は、パリ、アバディーン、ベルリン、ヴェネツィア、イスタンブール、チェシメに滞在した。放浪の在外研修であった。四月に日本を旅立ったとき、私は、直前まで自分が囚われていたさまざまな状況から、自分自身の身の置き場を変えることにもがいていたらしい。

「らしい」と言ったのは、自分では気づかないストレスに押しつぶされそうになっていたことを同行してくれた妻に見破られたからである。寝ているときに、何度もひどくうなされていたと言う。そのことは自分でも予測していて、あらかじめ医師から抗不安薬を処方されていた。薬でスイッチを切ってしまわないと、眠ることができなかったからである。

出発前、シャルリー・エブド事件から邦人人質事件にかけて、何度もテレビやラジオでコメントを繰り返した。私は大学院の博士課程に在籍していたとき、シリアに留学していた。だが、書いた論文がもとでシリアのバアス党員から脅迫された。その後、フィールドをトルコに変えたのはそのためだった。だが、一九八〇年代のトルコにも学問の自由があるとはいえず、トルコ出身者が大勢暮らしているヨーロッパ各国で、ムスリム移民が直面する多くの問題について研究をすすめた。

のちにトルコの民主化が奇跡的に進んで、トルコ本国も研究の対象にするようになった。この研究遍歴のとおりに、今、世界最悪の人道の危機が進行している。シリア内戦、途方もない数の難民を抱えるトルコ、難民受け入れをめぐってEUそのものが危機に瀕するヨーロッパ。別に先見の明があったわけではない。まったくの偶然にすぎないのだが、すべて私がフィールドとしてきた地域で起きている。

だから邦人人質事件がシリアで起き、トルコが最後に人質救出に動いていたこともトルコ側から知らされた。フランスがムスリムに対して、いかに無理解で厳しい態度で接してきたかも知っていた。難民問題が、いまだにヨーロッパの問題として語られ、事実を知らない人びとが、彼らは「イスラム国」のような過激派から逃れた人たちだと発言するのを聞いて、「それは違う」と反応してしまう。

シリア難民たちの絶望的な状況に思いを馳せ、なんとか日本人人質の解放が実現することを願い、ムスリムへの偏見が増幅されないことに心を砕いた。これらすべてが重くのしかかっていた。シャルリー・エブド事件では、ムスリム側から見たときフランス共和国がいかなる国家にみえていたかを説明することに意を尽くした。だが、日本の多くのフランス研究者には理解されなかった。

大学では、グローバル・スタディーズ研究科という新しく設置された大学院の研究科長として任期の最後にあたっていた。夜の報道番組に出演すると京都に戻れないので東京に泊まり、朝一番の新幹線で京都に戻り、会議や試験をこなし、夕方には再び東京に戻ってテレビやラジオで話をするということが続いた。同僚に「いったい先生は何人いるんですか？」と言われた。だが、一番、苦しかったのは、客員教授をお願いしていたイスラム学の専門家に対して、学内外から圧力がかかったことであった。

ムスリムの立場から「イスラム国」の人質となった後藤健二氏の解放のために、専門家がアラビア語でメッセージを発した外国特派員協会での記者会見が、官邸を苛立たせたのかもしれない。さまざまな番組で「あれは売名行為だ」と論難する政府寄りの評論家たちに対して、「そうではない。一人のムスリムとして当然の発言だ。日本にはムスリムのイスラム学者があまりに少ないから目立つけれど、欧米諸国でも、同胞を助けるためにイスラムの学識に基づいて発言する学者ならいくらでもいる」と反論し続けた。言論の自由への干渉だ。私はそう思ったが、抵抗を続けるのは容易ではなかった。学問、言論の自由を守ることが、かくも難しいということを私は思い知らされた。

四月、パリに着いて、私を招聘してくれた社会科学高等研究院（ＥＨＥＳＳ）のハミット・ボザルスラン教授にこのことを話すと、一笑にふされた。「政権の気に入らないことであれ、学者がそれを堂々と主張することに何の問題もない。フランスでは国立大学であっても当然のことだ」。私は、フランスのこういう環境には率直に敬意を抱いている。

だが、最初のひと月、私は、日本にいたときのストレスからなかなか解放されなかった。スコットランドのアバディーン大学に私を招聘してくれたムスタファ・ケマル・パシャ先生は、日本での私の状況を知っていたから、とにかく、それらのストレスから解放されるために尽くしてくれた。「ここでは、美しい自然の中で心を癒やしてください。それ以外のことなど考える必要はありません」。そう言われても、在外研修であるから、なにかを考え続ける日々ではあったが、美しいスコットランドの景観と釣鐘草に、凝り固まっていた心身はすこしずつほぐれていった。お二人の先生には、言葉には尽くせぬ感謝の気持ちを抱いている。

だが、ベルリン、イタリアを経てトルコに至ると、再び、世界の現実に引き戻されることになった。難民の奔流はすでにドイツでもイタリアでも喫緊の課題となっていた。トルコの我が家に着くと、新聞は、国内での軍事衝突とシリア内戦の状況が日に日に悪化すること、そしてトルコに殺到した難民たちが、奔流のように希望の大地をめざしてヨーロッパに渡ろうとすることを報じていた。しかも、我が家は難民たちがヨーロッパに向かう最前線、エーゲ海岸にある。

私は現実に引き戻された。この未曽有の人道の危機に対して、一学徒として自分が何をなすべきか、教育を通じて、何をなすべきかを考える日々に戻っていた。トルコ滞在の最後になって、ある日、日本のテレビ局にいる昔の教え子から電話がかかってきた。「先生のチェシメの家の前はギリシャの島ですよね、難民の状況はどうですか?」。ちょうど三歳のアイラン・クルディ君の遺体がボドルムの浜に打ち上げられた日だった。家の前の海からも日々、難民がギリシャの島に密航を試みていたから、自宅の前から衛星中継でテレビに出演して状況を説明することになった。翌日には、パリから到着したクルーと共にイズミールの街を歩き、難民たちに話を聞いた。

こうして、世界のすさまじい渦の中に溺れながら、ふたたびこの人道の危機を救うために何ができるかという思索に没頭していくことになった。

この、エッセイとも評論ともつかぬ書物に、編集者として共に格闘してくださった赤瀬智彦氏に厚く御礼申し上げたい。そして、半年にわたる旅を無事に過ごすことができたのは、なによりも同行してくれた妻、里依のおかげである。感謝の気持ちを記すことをお許しいただきたい。

内藤　正典

二〇一六年二月九日

［著者紹介］

内藤正典（ないとう・まさのり）

一九五六年、東京都生まれ。東京大学教養学部教養学科科学史・科学哲学分科卒業。博士（社会学）。専門は中東の国際関係、イスラム移民研究。一橋大学教授を経て、同志社大学大学院グローバル・スタディーズ研究科教授。書籍、雑誌、TV、新聞等で幅広く中東情勢と移民問題について論じている。著書に『トルコ 中東情勢のカギをにぎる国』（集英社、二〇一六年）、『イスラム戦争――中東崩壊と欧米の敗北』（集英社新書、二〇一五年）など多数。編著に『イスラーム世界の挫折と再生――「アラブの春」後を読み解く』（明石書店、二〇一四年）など。

欧州・トルコ思索紀行

2016年3月25日　初版第1刷印刷
2016年4月5日　初版第1刷発行

著　者――内藤正典
発行者――渡辺博史
発行所――人文書院
〒612-8447
京都市伏見区竹田西内畑町9
電　話　075-603-1344
振　替　01000-8-1103
印刷所――株式会社文化カラー印刷
製本所――大口製本印刷株式会社

ISBN978-4-409-23056-5　C1036
（落丁・乱丁本は小社郵送料負担にてお取替えいたします）